GARANTIE DE L'ÉDITEUR
Pour vous parvenir à son plus juste prix, cet ouvrage a fait l'objet d'un gros tirage. Malgré tous les soins apportés à sa fabrication, il est malheureusement possible qu'il comporte un défaut d'impression ou de façonnage. Dans ce cas, ce livre vous sera échangé sans frais.
Veuillez à cet effet le rapporter au libraire qui vous l'a vendu ou nous écrire à l'adresse ci-dessous en nous précisant la nature du défaut constaté. Dans l'un ou l'autre cas, il sera immédiatement fait droit à votre réclamation.
Librairie Gründ - 60, rue Mazarine - 75006 Paris

Adaptation française de Marie-Christine Gamberini
Texte original de Valeria Lugani, avec la collaboration de Giulio Colombo
Photographies de Roberto Bigano
Dessins de Paolo Rondini
Conception graphique de Luisa Pizzeghella

Première édition française 1993 par Librairie Gründ, Paris

ISBN : 2-7000-1950-4
Dépôt légal : février 1993
Création Libri Illustrati
Édition originale 1991 par Arnoldo Mondadori Editore S.p.A., Milan sous le titre original « Rose »

Photocomposition : Compo 2000, Saint-Lô
Imprimé à Vérone par Arnoldo Mondadori Editore

ROSES

Texte original de Valeria Lugani,
avec la collaboration de Giulio Colombo

Révision de Rossella Rossi

Adaptation française de
Marie-Christine Gamberini

Gründ

SOMMAIRE

PRÉAMBULE

Pourquoi ajouter ces pages aux nombreux écrits de spécialistes des roses qui constituent déjà de précieuses références et d'irremplaçables sources d'informations ? Les passionnés qui possèdent depuis des années des dizaines, voire des centaines de variétés, ceux qui ont fait des roses leur métier, accomplissent bien sûr une œuvre fort louable quand ils se décident à partager avec le public leur considérable expérience. Malheureusement, ces auteurs s'adressent trop souvent à des lecteurs initiés.

Le présent ouvrage a été conçu pour ceux qui s'intéressent aux roses pour la première fois : ceux qui ne savent pas encore distinguer une thé d'une cent-feuilles (sans toutefois la prendre pour une marguerite), qui ignorent les noms des variétés les plus nobles, les plus anciennes ou les plus célèbres, mais qui souhaitent de tout cœur apprendre à cultiver ces fleurs pour pouvoir en profiter pleinement et les aimer toujours davantage.

Voici donc un ouvrage pratique et succinct, avec des indications simples et précises qui vous donneront envie de les expérimenter aussitôt pour commencer à forger vos propres armes.

Notre souci constant a été de dédramatiser la culture des roses. Nous espérons avoir réussi à lever le voile de mystère et de crainte que leur allure royale a créé autour d'elles.

F.J. GROOTENDORST
R. rugosa, arbustif, remontant, h. 150 cm

FRUIT DE ROSA RUGOSA

CÉCILE BRUNNER
Arbustif, remontant, h. 60 cm

BARON GIROD DE L'AIN
Hybride remontant, arbuste, h. 120 cm

INTRODUCTION

Ce livre est un véritable manuel, mais nous n'avons pas négligé pour autant les informations plus générales qui intéressent tous les amoureux des roses.

Une brève présentation historique vous introduira dans leur univers fascinant ; elle rappelle combien les hommes ont été sensibles, dès l'Antiquité, à la magie de ces fleurs, et raconte leurs tentatives pour ajouter de nouvelles perfections à celles du passé.

La récapitulation des différents groupes de roses vise surtout à préciser leurs spécificités, tant du point de vue morphologique que de l'usage qu'on peut en faire dans son jardin. Le cas échéant, les soins à apporter sont traités groupe par groupe. Les variétés les plus adaptées à la culture en pots ou à des cadres particuliers tels que terrasses et balcons, sont quant à elles évoquées séparément.

Le corps de l'ouvrage est consacré aux techniques de plantation et d'entretien, complétées par un guide d'achat. Nous y avons clairement indiqué les principales précautions à prendre pour obtenir de belles roses en pleine terre ou en pots.

Vous y trouverez aussi un guide phytosanitaire détaillé qui vous apprendra à reconnaître, prévenir et combattre les principaux ennemis de vos rosiers.

Vous désirez peut-être multiplier vous-même vos rosiers. Cette opération, loin d'être l'apanage exclusif des pépiniéristes, peut en effet se révéler relativement simple et constitue parfois le seul moyen de se procurer un rosier séduisant introuvable dans le commerce.

Les roses parfumées, souvent méconnues malgré leurs attraits aussi bien visuels qu'olfactifs, ne sont pas oubliées. Au fil des pages, vous apprendrez aussi à préparer des pots-pourris, qui connaissent aujourd'hui un regain d'intérêt. Vous vous initierez également à l'art délicat de la cueillette des roses et aux techniques qui prolongent leur épanouissement en vase.

Enfin, nous vous proposons quelques recettes pour utiliser les pétales et les fruits des roses dans de délicieuses préparations gastronomiques ou des produits de beauté naturels. Et pour que cet ouvrage soit aussi une invitation au voyage, nous avons ajouté une courte liste des principales roseraies européennes dont la visite vous réjouira les sens et le cœur.

CÉLESTE
R. alba, arbuste,
h. 180 cm

HISTOIRE DES ROSES

L'histoire des roses est associée à des événements fort lointains, et d'antiques légendes en font depuis toujours les reines des fleurs.

Des empreintes fossiles découvertes dans des régions rocheuses de l'Oregon et du Colorado montrent qu'elles existaient déjà il y a quarante millions d'années.

On ne trouve toutefois de roses sauvages que dans l'hémisphère nord : elles y ont prospéré un peu partout, des climats torrides de l'Afrique ou de l'Inde aux grands froids arctiques de la Sibérie et de l'Alaska, sans jamais dépasser l'équateur.

En Chine, il y a cinq mille ans, d'immenses champs de rosiers assuraient une importante production d'essence. On cultivait aussi des roses à cette fin pendant l'Antiquité grecque, comme en témoigne Homère lorsqu'il raconte, dans *l'Iliade*, qu'Aphrodite enduisit le corps d'Hector d'une huile « fleurant la rose ».

Théophraste (372-287 av. J.-C.), le père de la botanique, consacra à ces fleurs une bonne partie de son œuvre ; on lui doit de précieuses observations sur la couleur, le nombre de pétales et l'intensité du parfum des roses de son temps.

Dans la Rome antique, les roses servaient surtout lors des cérémonies religieuses et des fêtes, sous forme de guirlandes, couronnes et jonchées de pétales, mais on leur connaissait aussi des propriétés culinaires et médicinales.

On cultivait à l'époque impériale, dans le sud de l'Italie, des roses à cinq pétales fleurissant au printemps comme *Rosa gallica*, *Rosa alba* et *Rosa canina*. Seule *Rosa damascena semperflorens* (ou *bifera*) présentait alors une modeste floraison automnale.

Sénèque évoque avec indignation un système de culture en serres chauffées par des canalisations d'eau chaude pour produire des roses hors saison. C'est pour cette même raison qu'on faisait pousser des rosiers en Égypte ; les fleurs

MME PIERRE OGER
R. borboniana, buisson,
h. 150 cm

ROSA CENTIFOLIA
Buisson, h. 180 cm

ROSA CANINA
Buisson, h. 300 cm

R. GALLICA « VERSICOLOR »
Arbuste, h. jusqu'à 200 cm

R. CHINENSIS « SEMPERFLORENS »
Buissson, remontant, h. 140-200 cm

faisaient ensuite un long voyage en mer, grâce à des procédés de conservation ingénieux.

Les textes de l'Antiquité mentionnent par ailleurs une *rosa centifolia* (à cent pétales...) : probablement une forme aujourd'hui disparue, à fleurs très denses, dérivée de *Rosa gallica*. L'actuelle *Rosa centifolia* est une autre espèce, un hybride complexe obtenu en Hollande entre le XVIe et le XVIIe siècle.

À l'aube du christianisme, la rose fut prise comme symbole de la luxure et des plaisirs d'ici-bas. Ce n'est que plus tard, au Moyen Âge, qu'elle subira une transformation radicale aux yeux de l'Église et deviendra l'emblème de la pureté mariale dans de nombreux tableaux et œuvres d'art sacré.

Après la chute de l'empire romain, les roses furent beaucoup plus prisées pour leurs vertus médicinales que pour leur beauté. *Rosa gallica*, la « rose de France », fut certainement, dans sa variété « officinalis », la plus cultivée par les apothicaires de Provins pour la pénétrante fragrance de ses pétales séchés.

Au Moyen Âge, on appréciait grandement les roses dans plusieurs pays, dont l'Angleterre, qui associa au XVe siècle, avec la guerre des Deux-Roses, les noms de deux familles rivales à deux roses : blanche pour les York, rouge pour les Lancastre. Cette guerre se termina par le mariage d'Henri VII de Lancastre avec Elisabeth d'York et leurs noces donnèrent naissance à la dynastie des Tudor, qui adopta naturellement pour emblème une rose bicolore, *Rosa damascena* « versicolor », mutation aussi connue sous le nom de « York and Lancaster ».

Jusqu'au XVIIIe siècle, l'éventail des roses européennes se borna aux espèces spontanées précédemment mentionnées. La grande révolution en la matière débuta en 1792, avec l'arrivée en Europe de *Rosa chinensis semperflorens*.

On doit à l'impératrice Joséphine le mérite d'avoir rassemblé à la Malmaison, outre les nombreux hybrides sélectionnés en Europe avant 1770, quantité de rosiers remontants chinois : près de deux cent cinquante variétés en tout, uniquement disponibles à l'origine dans les différents tons du rose. Pour garantir aux précieuses cargaisons chinoises destinées à la roseraie de l'impératrice une navi-

ROSANNA
Grimpant, remontant,
h. 200-300 cm

gation sans encombres, un traité fut même conclu en 1810 entre les marines anglaise et française.

Au début du XIXe siècle se produisirent dans des contrées lointaines deux événements capitaux pour l'évolution des rosiers dans le sens de la remontée (une importante floraison en mai-juin se prolongeant, avec une intensité moindre, pendant tout l'été et parfois même jusqu'en octobre ; voir pages 52-53). On obtint par croisement entre *Rosa chinensis* et *Rosa damascena* d'un côté, *Rosa moschata* de l'autre, deux hybrides remontants : *Rosa borboniana* et *Rosa noisettiana*, qui allaient devenir les souches des hybrides remontants. En 1872, on en comptait déjà cinq cent trente-huit variétés. Ces magnifiques rosiers ignoraient toutefois encore la couleur jaune, introduite avec *Rosa foetida persiana*, un flamboyant arbuste venu d'Iran et du Kurdistan qui donna naissance, à l'issue de tentatives répétées pour féconder un hybride remontant, à la prestigieuse lignée des Pernetiana. Cette dernière fut, à l'instar de la Noisettiana, si souvent croisée avec des hybrides de thé qu'elle a fini par se confondre avec eux.

Avec cette intense production de variétés nouvelles, le siècle dernier vit se développer des roseraies de plus en plus sophistiquées qui obligèrent les jardiniers à une spécialisation croissante, les nouveaux hybrides demandant de plus en plus de soins : greffes, apports d'engrais, taille... Tout ce qu'exigent en effet les rosiers modernes.

Vers la fin du XIXe siècle apparurent en France, presque par hasard, les premiers hybrides de thé, qui sont probablement aujourd'hui les rosiers les plus connus du grand public, avec leur floraison continue et leurs grandes fleurs impeccablement élégantes.

Toujours à la même époque, un rosier japonais à petites fleurs en bouquet, *Rosa multiflora*, arriva en Europe. Lui aussi allait influer de manière déterminante sur toute l'histoire des hybridations. Croisé avec des hybrides de thé, il donna naissance aux rosiers polyantha. Le premier, créé en France en 1875, fut baptisé « Pâquerette » : il produisait une foule de petites fleurs blanches en bouquets. Vinrent ensuite les hybrides de polyantha, de dimensions restreintes, caractérisés par des petites fleurs en bouquets serrés et très remontants, idéaux pour former des massifs.

Pendant les années qui suivirent, des objectifs de plus en plus ambitieux furent atteints. Le croisement entre les polyantha et les hybrides de thé donna de grands rosiers à fleurs en bouquets mais aux corolles plus isolées et très développées. Ces quarante dernières années, la recherche et la sélection ont abouti à la création de rosiers buissons remontants à grandes fleurs, les « grandiflora », d'une grande vigueur végétative et qui fleurissent constamment.

En parallèle, on s'est beaucoup intéressé aux rosiers miniatures, redevenus depuis peu à la mode.

Des prix et des concours sont institués chaque année pour stimuler la créativité des hybridations et faire surgir des formes et des couleurs nouvelles. Songeons que deux siècles ont suffi pour créer, à partir de deux douzaines d'espèces et d'une centaine de variétés du genre *Rosa*, plus de deux cents espèces et quinze mille variétés !

THÉRÈSE BUGNET
R. rugosa, arbuste remontant, h. 150-200 cm

VARIEGATA DI BOLOGNA
R. borboniana, buisson, remontant, h. 180 cm

YORK & LANCASTER
R. damascena « versicolor » Arbuste remontant, h. jusqu'à 200 cm

ROSES ANCIENNES ET ROSES BOTANIQUES

RUSH
Arbuste remontant à fleurs en bouquets, h. 130-150 cm

Une rapide présentation des principales roses botaniques et anciennes originaires d'Europe et d'Asie s'impose : parce qu'elles ont engendré toutes les variétés modernes, mais aussi parce que leur beauté suggestive, parfois mélancolique, mériterait certainement une meilleure place dans nos jardins et sur nos terrasses.

De plus, il s'agit très souvent d'espèces rustiques, extrêmement parfumées, résistantes aux maladies et peu exigeantes. On ne les trouve que dans les pépinières spécialisées.

Les roses botaniques sont des espèces spontanées qui ont donné naissance à des hybrides naturels ou artificiels, mais la ligne de démarcation avec les roses anciennes n'est pas toujours nette.

Le dénominateur commun des espèces botaniques présentes en Europe, comme *Rosa canina* et *Rosa gallica*, est la couleur rose et blanche de leur unique floraison printanière. Leurs fleurs ont généralement cinq pétales distincts, avec cinq sépales insérés sur le bord du réceptacle, mais il existe aussi des variétés à fleurs doubles très décoratives qui se sont créées spontanément.

Rosa canina

C'est l'églantier, ou rosier sauvage commun. Il sert souvent de porte-greffe (arbuste qui fournit le système racinaire) aux variétés modernes, leur transmettant ainsi sa vigueur. Particulièrement répandu dans les haies de nos campagnes, d'où son nom d'« églantier des haies », il donne des fruits très riches en vitamine C. Dans la généalogie des roses, l'églantine est la mère de *Rosa alba*.

CARDINAL DE RICHELIEU
R. gallica, arbuste, h. 120 cm

ROCA GALLICA « OFFICINALIS »
Buisson, h. 120 cm

TUSCANY
R. gallica, h. 90 cm

Rosa gallica

Le rosier gallique, ou rosier de France, est un buisson rustique et vigoureux, de taille moyenne, peu épineux, à fleurs rose plus ou moins foncé, ouvertes et plutôt aplaties. Il pousse spontanément de la France à l'Asie Mineure et fleurit à la fin du printemps. Il a engendré de nombreux hybrides qui gardent sa robustesse, sa rusticité et sa faculté d'adaptation à des sols pauvres.

On connaît la fameuse *Rosa gallica* « officinalis » ou rose de Provins, une rose ancienne très parfumée à corolles semi-doubles rouge carmin pourpré et nombreuses étamines jaune d'or. « Rosa Mundi » (*Rosa gallica* « versicolor »), mutation naturelle de *Rosa gallica* « officinalis », semble devoir son nom à la belle Rosamonde, favorite du roi Henri II Plantagenêt. Ses grandes fleurs semi-doubles, assez odorantes, sont rose pâle éclaboussé de rose plus foncé. « Tuscany », grande rose rouge sombre velouté piquetée de blanc, sur un buisson vigoureux, date de 1596 ; « Cardinal de Richelieu », d'un beau pourpre violacé, est plus récente (1840).

L'arbre généalogique des roses

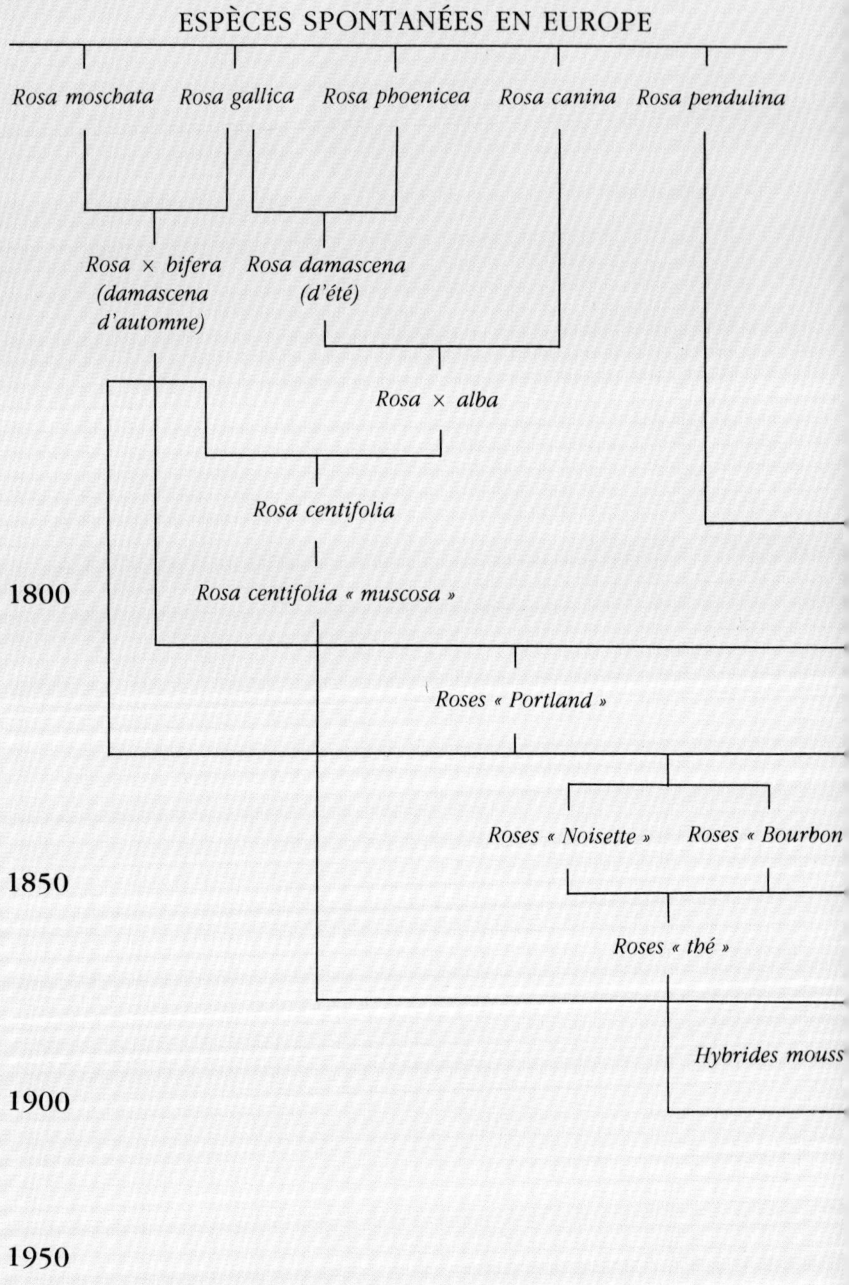

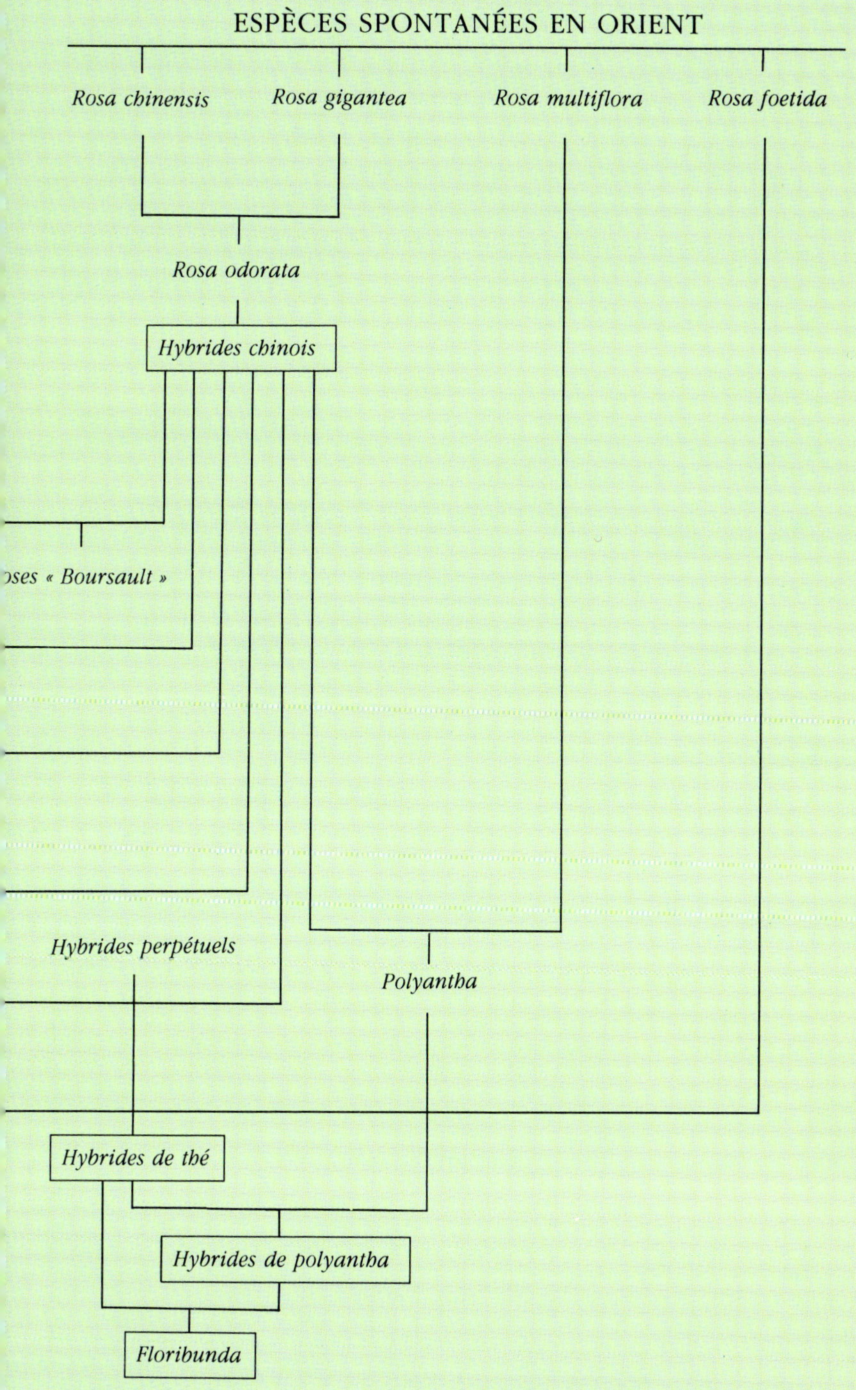
ESPÈCES SPONTANÉES EN ORIENT
Rosa chinensis
Rosa gigantea
Rosa multiflora
Rosa foetida
Rosa odorata
Hybrides chinois
oses « Boursault »
Hybrides perpétuels
Polyantha
Hybrides de thé
Hybrides de polyantha
Floribunda

Rosa damascena

Rosa damascena semperflorens, ou rosier de Damas remontant, semble avoir été présent en Italie au temps de la Rome antique. L'espèce typique d'Asie Mineure, en revanche, fut importée plus tardivement en Europe : au XVIe siècle ou peut-être plus tôt, par des croisés de retour de Terre sainte.

Les variétés que l'on trouve aujourd'hui dans le commerce ont pour la plupart été introduites au siècle dernier ; elles ne représentent que quelques exemples du nombre très important d'hybrides de *Rosa damascena*, dont il est assez difficile de reconstituer l'arbre généalogique.

Il s'agit d'arbustes à branches longues et arquées, très épineuses. Chez les variétés non remontantes, les corolles des fleurs semi-doubles ou doubles, très parfumées, ne s'épanouissent qu'une fois l'an, en juin habituellement, et comptent jusqu'à soixante pétales. Leurs couleurs vont du blanc au rose vif.

Parmi les plus célèbres, citons « Mme Hardy », obtenu en 1832 ; ses grandes fleurs blanches très doubles en forme de coupe, à centre vert émeraude, dégagent une intense odeur de citron.

Quant à « Kazanlik », c'est la *Rosa damascena* « trigintipetala » que l'on cultive dans la Vallée des Roses, en Bulgarie, pour en extraire l'huile essentielle.

Rosa moschata

Ce grand rosier capable d'atteindre cinq mètres de haut, déjà connu au XVIe siècle, est probablement originaire du bassin méditerranéen. On pense que son croisement avec *Rosa gallica* a donné la remontante *Rosa damascena semperflorens*. Ses fleurs blanches simples, en bouquets, sentent le musc.

De nombreux hybrides en sont issus, qui conservent sa vigueur et son parfum ; leurs roses sont généralement doubles, groupées en bouquet, avec des couleurs délicates. Ainsi, « Cornélia », un hybride très vigoureux, donne des corolles nuancées, rose clair saumoné teinté de plus foncé.

Rosa chinensis

On considère le rosier de Chine comme le « père » de tous les remontants occidentaux. Il forme de grands buissons à tiges grêles et rougeâtres, pouvant atteindre quatre à cinq mètres de haut et de large. Aujourd'hui, on ne le cultive plus guère que dans les collections. Son port et son épais feuillage se prêtent bien à la création de haies denses et impénétrables, qui restent fleuries pendant tout le printemps et tout l'été.

Rosa chinensis « mutabilis », dont les fleurs passent au fil des jours de l'orangé clair au rouge profond, et *Rosa chinensis* « viridiflora », aux roses vertes éclaboussées de brun, constituent deux curieuses variétés.

ROSA CHINENSIS « MUTABILIS »
Buisson remontant, h. 200 cm

ROSA CHINENSIS
« VIRIDIFLORA »
Buisson remontant,
h. jusqu'à 200 cm

MME HARDY
R. damascena, arbuste, h. 150 cm

KAZANLIK
R. damascena, arbuste,
h. 150 cm

Rosa alba

Divers experts estiment qu'il s'agit d'un hybride de *Rosa damascena* et *Rosa canina*. Il forme de grands arbustes rustiques et très ornementaux dont les fleurs, simples, blanches et roses, intensément parfumées, offrent de délicates nuances pastel et se détachent sur un beau feuillage vert-gris.

Ces rosiers produisent de gros fruits oblongs, d'un joli rouge brillant, qui mûrissent en automne. Ils mettent en valeur des recoins mi-ombragés et parviennent à se développer sur des sols pauvres.

« Queen of Denmark », alias « Naissance de Vénus », est peut-être le plus parfait des rosiers alba. Sa fleur allie le rose carminé au rose tendre, créant parmi des feuilles à reflets bleutés une rare harmonie de couleurs.

Rosa odorata

Il s'agit vraisemblablement d'un hybride de deux rosiers chinois : *Rosa gigantea* et *Rosa chinensis*. Ses fleurs solitaires présentent les couleurs les plus diverses, du jaune au rouge. Elles s'épanouissent sans interruption de mai à septembre. Il n'est plus cultivé mais reste essentiel car c'est de lui que sont issus les roses thé modernes et leurs hybrides. Le célèbre rosier « La France » fut le premier véritable hybride de thé jamais cultivé.

LA FRANCE
Hybride de thé, buisson, h. 70 cm

Chapeau de Napoléon
R. centifolia « cristata », buisson, h. 150 cm

Rosa centifolia

Des spécialistes de la généalogie des roses ont montré qu'il s'agit d'un hybride complexe — il dérive en effet de *Rosa gallica, Rosa canina, Rosa moschata* et *Rosa damascena* — et le font remonter au XVIe siècle, en Europe du Nord.

C'est un arbuste très résistant au froid, mais peu cultivé de nos jours, peut-être à cause de ses branches épineuses un peu faibles, nécessitant un soutien, et de son unique floraison printanière, pourtant enchanteresse.

Les fleurs, globuleuses, peuvent atteindre dix centimètres de diamètre ; plus d'une centaine de pétales de toutes les nuances du rose s'y superposent en une coupe très élégante. L'augmentation du nombre des pétales s'est opérée aux dépens des organes reproducteurs, si bien que le rosier cent-feuilles est stérile et ne peut se multiplier que par bouturage.

Il a toutefois donné naissance à de nombreuses mutations, comme les rosiers « mousseux », caractérisés par la présence sur leurs sépales, leurs calices et leurs pédoncules d'une sorte de mousse parfumée et collante. Les catalogues en proposent encore beaucoup, pour les amateurs d'un style un peu décadent.

Citons *Rosa centifolia* « cristata », dite « Chapeau de Napoléon » ; ses grandes fleurs rondes très doubles, rose intense, sont éminemment parfumées.

Rosa borboniana

En 1817, dans l'île Bourbon (l'actuelle Réunion), une hybridation spontanée s'opéra entre *Rosa chinensis* et *Rosa damascena*. Naquit ainsi le rosier Bourbon, arbuste haut et compact, qui se présenta dans une grande variété de teintes, jaune excepté, et domina les jardins européens jusqu'en 1850 grâce à sa floraison continue, son parfum généreux et son aptitude à recouvrir de romantiques pergolas et berceaux.

Les hybrides de rosier Bourbon actuellement sur le marché sont très décoratifs. On peut citer « Boule de neige », aux globuleuses fleurs blanc ivoire ; « Reine Victoria », délicate coupe de pétales roses ; « Variegata di Bologna », grand et mince arbre aux fleurs blanches striées de rouge ; mais le plus fascinant reste sans doute « Souvenir de la Malmaison », avec ses belles fleurs roses à quartiers et son parfum délicatement épicé.

Rosa noisettiana

Quand l'Américain John Champney féconda avec du pollen de *Rosa chinensis* une *Rosa moschata*, il obtint un rosier sarmenteux à fleurs roses en bouquet, très parfumées. Des graines envoyées en Europe par Philippe Noisette donnèrent naissance à des plants remontants, les Roses Noisette. Citons « Mme Alfred Carrière », aux longs sarments émaillés de blanches fleurs parfumées.

Hybrides remontants

Ces rosiers, issus de croisement entre *Rosa odorata* et *Rosa borboniana*, annoncent les rosiers modernes.

De 1830 à la fin du siècle, leur caractère remontant et la diversité des couleurs de leurs grandes fleurs leur ont permis de dominer la scène. « Baron Girod de l'Ain » possède des fleurs doubles rouge cramoisi ourlées de blanc. Un autre hybride, « Ferdinand Pichard », donne d'exceptionnelles roses carminées.

Hybrides de thé

Pendant les premières années du XXe siècle, les hybrides de thé s'affirmèrent de plus en plus, jusqu'à supplanter les hybrides remontants. Ils sont aujourd'hui les plus connus et les plus cultivés des rosiers. Faciles à exploiter dans un jardin malgré leur faible résistance au gel, ils fleurissent de mai à octobre.

La première variété de cette nouvelle race de roses, homologuée par un groupe de cinquante rosiéristes réunis à Lyon en 1867 pour juger plus de mille créations, s'appelait « La France ».

VARIEGATA DI BOLOGNA
R. borboniana, buisson remontant, h. 180 cm

BOURBON QUEEN
R. borboniana, buisson remontant, h. 200 cm

REINE VICTORIA
R. borboniana, arbuste, h. 120-200 cm

BARON GIROD DE L'AIN
Hybride remontant, arbuste, h. 120 cm

FERDINAND PICHARD
Hybride remontant, h. 150 cm

ACHAT ET PLANTATION

Après avoir déterminé le type et le nombre de rosiers qu'il vous faut, en fonction de l'usage auquel vous les destinez, vous devrez chercher où les acquérir.

Commencez votre quête dès la fin de l'été, surtout si vous comptez vous adresser à un pépiniériste qui vend par correspondance. Les catalogues des pépiniéristes se réfèrent généralement aux produits disponibles en automne-hiver : plus on s'y prend tôt, plus on a de chances de recevoir les produits de son choix.

Si vous allez dans une pépinière spécialisée ou dans une jardinerie, vous pourrez contrôler vous-même la vigueur de vos plantes et obtenir des indications précises sur les distances de plantation.

Chaque plant doit comporter au moins trois branches, cinq de préférence, d'aspect lisse et frais, et de nombreuses racines charnues, longues et sans cassures, bien réparties autour du pied.

Vous pouvez aussi acheter vos rosiers chez des détaillants au début du printemps ou en trouver dans les supermarchés, déjà emballés et prêts pour le transport.

S'ils sont vendus dans des boîtes en carton fermées, il est impossible de vérifier le système racinaire et les parties aériennes, qui risquent de présenter des pousses déjà développées, longues et chlorotiques, et donc sans avenir.

Lorsqu'ils sont conditionnés dans des sacs de polyéthylène ou des conteneurs en plastique remplis de sciure ou de tourbe humide, leurs branches sont habituellement protégées par une fine couche de paraffine, qui limite la transpiration sans compromettre le développement des bourgeons. Dans ces emballages, les rosiers peuvent survivre deux ou trois semaines, mais en les achetant ainsi, vous ne pourrez pas sélectionner les meilleurs plants, faute de pouvoir les examiner entièrement.

Les rosiers à racines nues doivent être plantés avant que le réchauffement de la température stimule leur croissance et les fasse dépérir.

Les rosiers cultivés en pots sont plus onéreux mais présentent l'avantage de pouvoir être mis en terre à tout moment.

Rosier sous sachet de polyéthylène, comme on en trouve dans la grande distribution.

Rosier protégé par de la paraffine

Rosier à racines nues

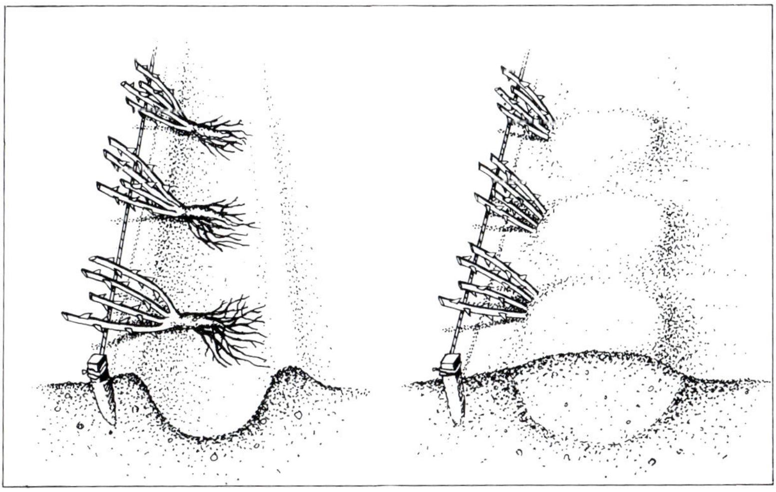

Pendant la saison froide, si la boue ou un sol gelé vous obligent à attendre pour planter vos nouveaux rosiers, conservez-les en jauge :
- *creusez un sillon,*
- *couchez-y les plants l'un à côté de l'autre,*
- *recouvrez les racines de sable humide et tassez légèrement pour améliorer l'adhérence,*
- *recouvrez les branches de 20 à 25 centimètres de terre,*
- *plantez dès que possible.*

La terre, la lumière, l'eau

On peut cultiver des roses sur pratiquement n'importe quel type de terrain ; elles donnent toutefois les meilleurs résultats sur des sols bien travaillés, riches en humus, et même un peu compacts pourvu qu'ils soient bien perméables, car les rosiers ont horreur de l'humidité stagnante.

Une adjonction généreuse de fumier de paille bien décomposé, qu'il faudra enfouir au moment de la préparation du terrain, suffit presque toujours à corriger les principaux défauts chimiques et struturels des sols trop argileux ou trop sableux. Quant aux sols trop lourds, on les amende en leur incorporant de la paille à demi décomposée ou de la tourbe.

Les roses aiment le soleil en toute saison : trouvez-leur un emplacement qui leur assure au moins quatre heures d'éclairement direct en hiver et qui soit suffisamment ventilé pour éviter de nuisibles accumulations d'humidité. Seules quelques variétés de rosiers grimpants peuvent s'accommoder d'une ombre partielle.

Dans les endroits très venteux, vous risquez de voir les branches se briser ou la ramure des rosiers tiges se détacher : la prudence recommande donc de ne pas installer de rosiers sur des sites non protégés du vent.

En dehors de la période de plantation, le gel ne présente aucun danger tant que la température ne

Les rosiers prospèrent dans des sols ni trop alcalins ni trop acides (pH compris entre 7,5 et 6,5). Mesurez l'acidité de votre terrain à l'aide d'un dispositif approprié ou faites-la analyser par un pépiniériste ou dans une jardinerie.

descend pas en dessous de – 12 °C.

Essayez d'éviter les endroits où un air humide stagne, surtout s'ils ne bénéficient des rayons du soleil que pendant la seconde moitié de la journée. Une humidité atmosphérique élevée favorise en effet l'apparition de maladies fongiques difficiles à traiter, qu'il vaut mieux essayer de prévenir.

Il est également préférable de ne pas réimplanter de rosiers sur un emplacement où d'autres rosiers ont vécu auparavant, car le sol s'est appauvri et chargé de toxine. Si c'est le seul endroit dont vous disposez, changez la terre ou semez, l'été précédent la plantation, de la moutarde, du lupin ou du colza que vous enfouirez à la bêche avant leur floraison.

Des arrosages fréquents seront nécessaires avant la floraison, pendant les grandes chaleurs estivales et en automne, au moment de la reprise végétative, même si le sol reste frais. Cependant, si l'eau d'arrosage est trop dure, l'élévation du pH due au calcaire risque à la longue d'endommager les plantes : il faudra alors intervenir pour rétablir le bon degré d'acidité.

ELITE
Hybride de thé, buisson, h. 90 cm

Sea Foam
Couvre-sol retombant, remontant

Quand, où et comment planter ?

La plantation des rosiers s'effectue pendant la période de repos végétatif : au début du printemps dans les régions froides, à la fin de l'automne ou au début du printemps sous les climats tempérés, entre décembre et février dans les régions plus clémentes.

Si le terrain est gelé en profondeur ou trop détrempé au moment de l'achat, ou si un vent sec et glacé souffle ce jour-là, il faudra attendre des conditions plus favorables. Retirez les plantes de leur emballage, placez-les dans un seau avec de la paille humide et mettez le tout dans un endroit abrité mais non chauffé.

Si vous n'avez pas réussi à planter vos rosiers au bout de deux jours, enjaugez-les dans du sable humide (voir page 27). Ainsi, s'il gèle ou si la neige vous empêche de jardiner pendant plusieurs jours, vous améliorerez le confort de vos arbustes en les plaçant dans un endroit bien protégé.

Tenez-vous prêt à profiter de la moindre accalmie propice à la plantation et n'oubliez pas de maintenir le sable de la jauge humide tant que vos rosiers y resteront.

La préparation du terrain

Si vous avez suivi notre conseil et songé dès la fin de l'été aux rosiers que vous désirez installer dans votre jardin, il vous reste encore assez de temps pour préparer la terre avant le début de la mauvaise saison, surtout si vous avez décidé d'aménager une roseraie.

La préparation du terrain est une opération importante, destinée notamment à en améliorer la structure. Si la terre de votre jardin est sableuse ou argileuse, prévoyez un emploi massif de substances organiques. Vous n'aurez pas à regretter cet investissement : la luxuriance et la bonne santé de vos rosiers vous le rendront au centuple les années suivantes.

Répandez sur chaque mètre carré de sol 10 kilos de fumier bien décomposé ou d'un bon compost obtenu à partir de végétaux ou de feuilles mortes. Bêchez sans hacher les mottes, pour améliorer l'aération des couches inférieures.

La préparation du terrain permet également d'en corriger l'acidité. Cette intervention est indispensable si l'analyse du pH donne des valeurs supérieures à 7 ou inférieures à 6. L'épandange et l'enfouissement de 2,5 kilos de chaux pour 10 mètres carrés de terre accroît le pH d'une unité — le faisant passer de 5,5 à 6,5 par exemple — tandis que la répartition de 1,5 kilo de sulfate de fer ou de 250 grammes de soufre en poudre sur la même surface abaisse le pH d'une unité — de 7,5 à 6,5 par exemple.

Si votre terrain est argileux, préparez-le dès la fin de l'été : en automne, les pluies risquent vite de rendre tout bêchage impossible.

Le trou de plantation

Lorsque vous aurez décidé de l'emplacement de vos rosiers et de la distance à laisser entre deux plants pour garantir leur bon développement, il vous restera à préparer les trous qui recevront les racines et le terreau ; ce dernier assurera à vos rosiers l'indispensable substrat fertile et poreux capable de retenir l'humidité sans excès.

Creusez des trous de la profondeur d'une tête de bêche (25 centimètres environ) et d'au moins 60 centimètres de diamètre. Entaillez le fond avec une fourche à bêcher pour alléger le sol, améliorer sa perméabilité et faciliter la pénétration des racines.

Pour déterminer la forme à donner à chaque trou, étudiez la disposition des racines : faites-le rond si elles sont réparties régulièrement autour de la base du rosier, en éventail si les racines principales, les plus grosses, se trouvent presque toutes du même côté.

Si l'une des racines est plus longue que les autres, ne la coupez

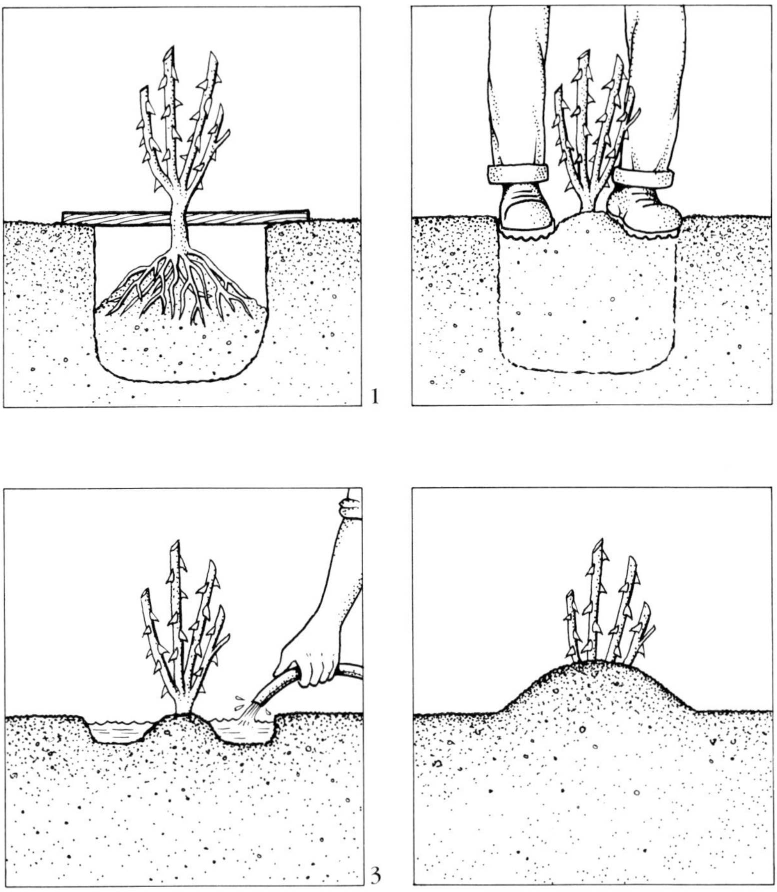

1 2 3 4

Pour placer le point de greffe à la bonne hauteur, munissez-vous d'une planchette plus longue que le diamètre du trou. Posez-la horizontalement en travers de ce dernier et servez-vous-en pour vérifier à quel niveau se trouve votre rosier. Puis remplissez le trou, tassez, arrosez et recouvrez le collet du rosier de terre fine.

pas, modifiez plutôt la forme du trou de manière à pouvoir la déplier complètement.

Si vous voulez planter vos rosiers contre un mur, creusez vos trous à au moins 30 centimètres de sa base.

Pour chaque rosier à planter, mélangez deux pelletées de tourbe, une pelletée de terre de votre jardin et une poignée de superphosphate ou de poudre d'os.

Recouvrez le fond de chaque trou avec 2 centimètres de ce terreau et formez au centre un cône de soutien suffisamment haut pour maintenir le point de greffe à 5 centimètres au-dessus du sol. Si votre terrain est sableux, laissez ce point de greffe à 6 ou 7 centimètres au-dessous du niveau du sol.

Étalez les racines sur le cône en respectant leur orientation naturelle. Recouvrez-les avec le reste du terreau, arrosez bien et finissez de reboucher avec la terre du trou.

Répartissez bien le terreau autour des racines en secouant légèrement le rosier de haut en bas, puis tassez avec les pieds le sol autour du plant : légèrement si le terrain est lourd, avec plus d'insistance, mais sans excès, s'il est léger.

Vérifiez que le point de greffe se trouve à la bonne hauteur, étiquetez le rosier et, si le sol est trop sec, arrosez un peu.

Si vous craignez encore des gelées tardives, recouvrez le point de greffe avec un petit tas de terreau que vous éliminerez à la belle saison.

VIVALDI
Hybride de thé, buisson, h. 90 cm

LES SOINS

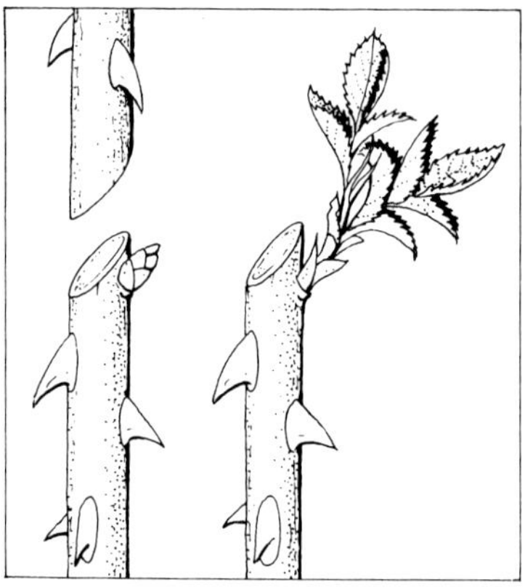
1

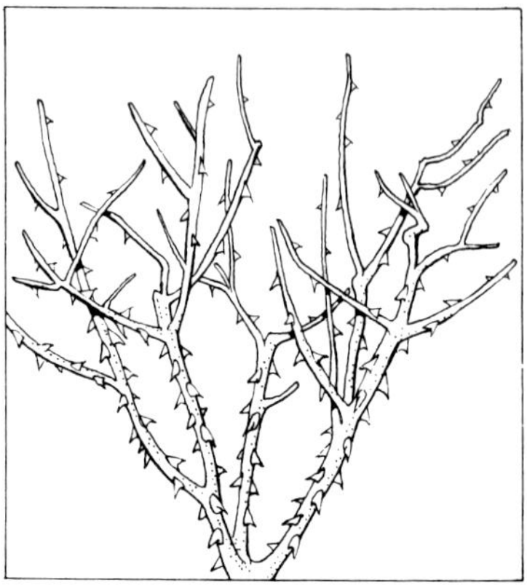
2

La taille stimule la pousse du premier bourgeon sous la coupure (1). Éliminez les branches superflues pour la formation de la charpente du rosier (2 et 3).

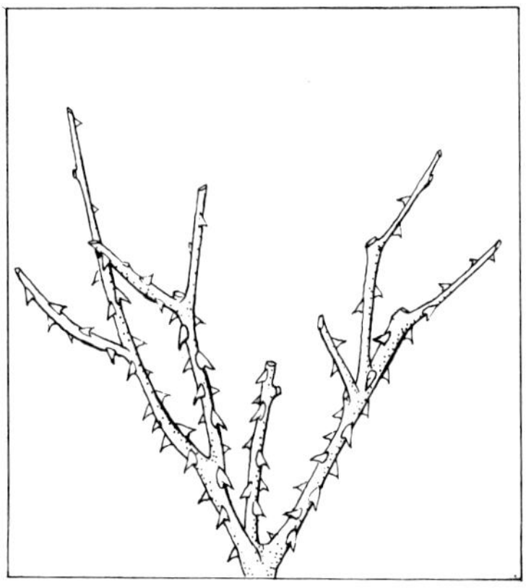
3

La taille de printemps

La taille de printemps s'effectue à la fin de la période de dormance, quand les tiges commencent à se gonfler de sève, c'est-à-dire vers la fin de l'hiver, à une date variable suivant le climat. Attendez qu'il n'y ait plus de risque de gelée. Utilisez un sécateur parfaitement aiguisé et désinfecté. Coupez à 6-8 millimètres au-dessus d'un bourgeon (ou « œil »), parallèlement à son inclinaison.

Procédez dans l'ordre suivant :
— éliminez les branches mortes, malades, dépérissantes ou abîmées en les coupant net, juste au-dessus d'une ramification saine ou d'un bourgeon tourné vers l'extérieur (la moelle doit apparaître bien blanche, sinon, taillez 6-8 millimètres au-dessus du premier bourgeon inférieur tourné vers l'extérieur ou éliminez complètement la branche) ; supprimez à la base, avec une scie, les grosses branches trop vieilles ou abîmées ;
— éliminez, à leur point d'insertion sur une branche plus forte ou au-dessus du point de greffe, les tiges faibles et trop grêles (sauf chez les sarmenteux et les couvre-sol) pour favoriser les branches plus vigoureuses, qui produiront des fleurs ;
— éliminez les branches qui se croisent ou se touchent (coupez la plus faible sous l'intersection, juste au-dessus du premier œil tourné vers l'extérieur).

La taille de printemps

Hybrides de thé, y compris rosiers tiges et miniatures	Variétés peu vigoureuses *Taillez à trois yeux la végétation de l'année.* Variétés vigoureuses *Floraison abondante : raccourcissez d'un tiers la végétation de l'année.* *Grosses fleurs : taillez la végétation de l'année à trois yeux de la base.*
Floribunda et Polyantha	*Raccourcissez d'un quart la végétation de l'année.* *Éliminez les branches latérales tournées vers l'intérieur.*
Grimpants	*Raccourcissez les branches principales à la hauteur d'une pousse de l'année ou, à défaut, de moitié.* *Raccourcissez de moitié les branches secondaires qui ont fleuri.*
Sarmenteux	Jeunes pousses à la base *Raccourcissez le même nombre de vieilles branches jusqu'au niveau du sol.* Jeunes pousses sur de vieilles branches *Raccourcissez ces branches jusqu'aux jeunes pousses.* Jeunes rameaux latéraux à la base *Gardez les vieilles branches et taillez les rameaux latéraux à deux yeux.*
Rosiers buissons	*Supprimez complètement les vieilles branches qui ne se ramifient plus depuis longtemps.* *Si une vieille branche porte une pousse vigoureuse, raccourcissez-la jusqu'à cette dernière.* *Si la pousse est très vigoureuse, taillez la vieille branche jusqu'à son niveau et raccourcissez la pousse d'un tiers.* *Taillez les branches latérales qui ont fleuri à 8 centimètres de leur base.* *Raccourcissez les branches restantes de quelques centimètres pour favoriser l'émission de nouvelles pousses latérales.*

Les gourmands

Si vous possédez des rosiers greffés, vous devrez veiller pendant toute leur période d'activité végétative à éliminer en temps utile les rejets qui peuvent naître du porte-greffe. Si vous les laissiez grandir, ils affaibliraient la variété greffée et la floraison serait moins belle. Il faut donc absolument apprendre à les reconnaître.

Les rejets sauvages ont généralement des épines différentes de celles de la variété greffée et des feuilles plus petites, presque toujours formées de sept folioles. Mais il y a des exceptions. Assurez-vous donc toujours que les branches qui sortent du sol au pied du rosier ou sur le tronc ne sont pas sauvages.

Pour cela, il suffit de regarder d'où elles partent. Si elles naissent sous le point de greffe, ce sont des drageons sauvages : il faut les arracher à partir de leur point d'insertion (ne les coupez pas, vous les renforceriez). Si en revanche elles naissent au-dessus du point de greffe, tout va bien.

Sur le tronc d'un rosier tige, l'observation est simple. Dans les autres cas, il faudra dénuder le pied de la plante en grattant la terre pour voir d'où part le rejet.

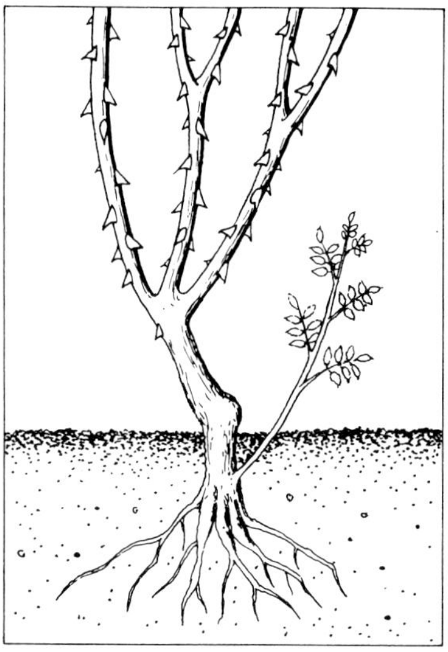

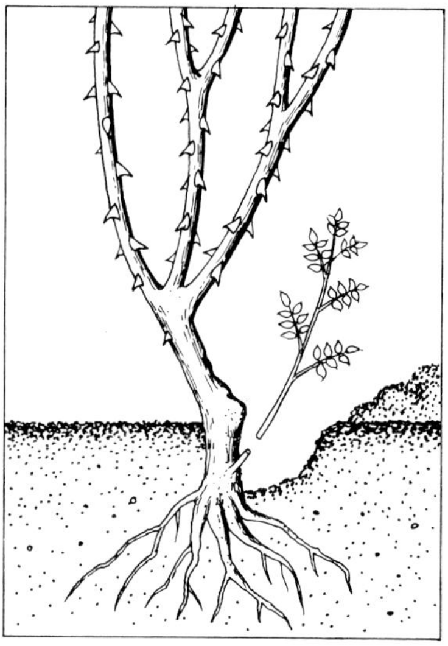

Si le drageon naît au-dessus du point de greffe, il n'est pas sauvage et ne doit pas être enlevé. Pour supprimer un gourmand, creusez doucement pour mettre à nu les racines du porte-greffe.

Le paillage

Le paillage s'effectue au moment de la reprise végétative, pour maintenir l'humidité du sol et éviter son réchauffement pendant la saison sèche.

Si vous utilisez du fumier bovin ou de cheval, étalez-le en couche de 5 centimètres d'épaisseur à la base de vos rosiers, sur une surface correspondant à celle du trou de plantation, sans qu'il touche le pied de la plante. Vous ajouterez ainsi à l'effet de paillis une amélioration notable de la structure du sol et une bonne base d'engrais, que vous compléterez avec des fertilisants minéraux.

Si vous employez de la tourbe (préférez la plus grossière, pour qu'elle ne se transforme pas en croûte imperméable dès la première pluie), du terreau organique ou un compost de votre fabrication, l'aspect de votre jardin et la structure du sol s'en trouveront améliorés et vous vous épargnerez quelques coups de bêche, mais vous devrez pourvoir à la totalité des besoins de vos roses au moyen d'engrais minéraux. Répandez-les sur 5 centimètres d'épaisseur.

Enfin, si vous utilisez des copeaux de bois, des morceaux d'écorce ou des aiguilles de conifères, prévoyez une couche de 10 centimètres d'épaisseur et pensez à administrer une dose d'azote supplémentaire pour compenser la quantité que ces matériaux absorberont en se décomposant.

Fumier

Tourbe

Compost

Écorce de pin

ATENA
Grandiflora, buisson remontant, h. 70 cm

YORK & LANCASTER
R. damascena « versicolor » Arbuste, h. jusqu'à 200 cm.

SUSAN HAMPSHIRE
Hybride de thé, remontant, h. 75 cm

L'arrosage

Les rosiers ont besoin d'apports d'eau importants et réguliers pendant toute leur période d'activité végétative. Par temps normal il faut leur administrer tous les sept à dix jours, suivant la nature du terrain, l'équivalent d'un grand seau d'eau, quantité suffisante pour atteindre les couches profondes du sol.

Vérifiez fréquemment le degré d'humidité de votre terre, à 5-7 centimètres de profondeur au moins : enfoncez un doigt dans le sol au pied de vos rosiers ; s'il en ressort sec, c'est le moment d'arroser.

Les rosiers plantés dans des terrains sableux, argileux ou lourds ont besoin, pendant les fortes chaleurs estivales, d'au moins un arrosage par semaine. En tout cas, arrosez toujours généreusement. Les arrosages légers et fréquents sont déconseillés car ils amènent les racines à se développer en surface, rendent les roses particulièrement sensibles aux brusques accès de sécheresse et créent des conditions optimales pour l'apparition de maladies fongiques.

Pour vous faciliter la tâche, vous pouvez installer entre vos rosiers un tuyau qui distribue l'eau par une série de trous ménagés sur toute sa longueur ; veillez simplement à bien tourner la partie percée vers le sol.

Si vous disposez d'un système d'arrosage oscillant ou rotatif, il vaut mieux le faire fonctionner tôt le matin : le soleil aura ainsi le temps de sécher rapidement le feuillage. Par contre, si vous utilisez un tuyau en caoutchouc, arrosez le soir. Ôtez l'embout du tuyau et mettez peu de pression pour ne pas noyer ni tasser le terrain et pour respecter le paillis. Mieux, repoussez légèrement le paillis et arrosez en dessous ; ainsi, il ne sera pas inutilement imprégné d'eau.

Veillez également à ne pas mouiller les fleurs : cela les abîme. Si possible, optez pour une installation d'arrosage goutte à goutte : elle vous assurera une absorption réelle en profondeur, pour des quantités d'eau plus réduites qu'avec les autres méthodes d'arrosage ; elle limitera en outre la croissance des mauvaises herbes sans favoriser les maladies fongiques. Bref, elle simplifiera considérablement l'entretien de votre roseraie.

Si vous avez monté une lance sur votre tuyau d'arrosage, vous n'aurez peut-être pas envie de la retirer chaque fois que vous arroserez vos rosiers. Couvrez-la d'une vieille chaussette (sans trous !) pour amortir la violence du jet.

BONICA 82
Buisson remontant, h. 90 cm

La fertilisation

Si vous avez abondamment fumé votre terre lors de la plantation et si vous avez employé le même fumier pour le paillage, vous avez fait pour vos roses ce qu'on peut imaginer de mieux : vous obtiendrez selon toute probabilité une végétation vigoureuse et la meilleure première floraison que vos rosiers puissent donner.

En effet, malgré sa faible teneur en éléments nutritifs, le fumier bien décomposé est capable d'amener votre terre à céder sous une forme très assimilable ce qu'elle recèle en phosphore et en potassium. Ce sont les micro-organismes du fumier qui accomplissent ce travail ; aucun fertilisant chimique ne saurait en faire autant.

Tous les engrais contiennent essentiellement trois éléments nutritifs :

— l'azote (N), qui détermine le développement et le nombre des branches, ainsi que la dimension des feuilles, qu'il contribue à rendre plus riches en chlorophylle et donc plus vertes. L'apport d'azote est essentiel au printemps, alors que les rameaux et les feuilles sont en pleine croissance.

— le phosphore (P), qui stimule la croissance et le développement des racines et assure une floraison plus belle et plus abondante ;

— le potassium (K), qui influe sur la vigueur de la plante, la rendant plus résistante aux maladies et aux températures basses.

Les engrais chimiques complexes contiennent de l'azote, du phosphore et du potassium dans des proportions variables ; suivant ce dosage, chaque engrais produit sur la végétation des effets spécifiques.

Le plus employé par les rosiéristes est le 5.10.5 (5 % d'azote, 10 % de phosphore, 5 % de potassium) qui répond aux exigences de croissance et de floraison normales de la plupart des rosiers.

Administrez une demi-tasse à thé d'engrais à chaque rosier adulte à l'époque de la reprise de la végétation, en l'enfouissant légèrement par un bêchage rapide.

Quand les roses se fanent après la première floraison, puis de nouveau à la fin de l'été, répétez l'opération avec une demi-dose du même engrais.

Dans les régions où les froids débutent à l'automne, il vaut mieux employer au milieu de l'été un engrais 0.10.5, c'est-à-dire sans azote : vos plantes auront des racines plus fortes, des troncs plus résistants au gel, et seront donc mieux armées pour affronter les rigueurs de l'hiver.

Même si vous préférez les engrais chimiques (comme les granulés ci-dessous), pensez à les compléter périodiquement par un généreux apport de fumier. Les fumiers qu'on trouve dans le commerce conviennent parfaitement (500 grammes par rosier).

MALADIES : PRÉVENTION ET TRAITEMENTS

Avant toute chose, ne plantez pas vos rosiers trop près les uns des autres et arrosez-les de préférence tôt le matin : une promiscuité excessive alliée à la présence d'eau sur les feuilles pendant la journée favorise le développement de maladies fongiques comme l'oïdium, le marsonia et la rouille.

Choisissez pour vos roses des emplacements très lumineux, une terre saine et équilibrée, et apportez-leur régulièrement de l'eau et de l'engrais.

Des températures élevées en atmosphère humide sont, surtout si l'air circule mal, un facteur d'apparition de maladies fongiques, notamment sur les variétés peu résistantes. Renseignez-vous donc sur la résistance à ces maladies au moment de l'achat.

Tant que des conditions favorables au développement d'une maladie persistent, continuez les traitements fongicides à intervalles réguliers.

Au printemps, inspectez vos rosiers pour dépister œufs, larves ou autres symptômes — feuilles rongées ou recroquevillées, trous dans l'écorce, bourgeons fripés... — susceptibles de vous aider dans l'établissement de votre diagnostic et le choix des modalités d'intervention les plus appropriées.

TEXAS
Hybride de thé, arbuste remontant, h. 120 cm

Si vous avez peu de temps à consacrer à vos roses, ne choisissez que des variétés très résistantes.

Insectes nuisibles

Cétoine (***Cetonia aurata***)
Ce gros coléoptère de 1,5 à 2 centimètres de long, d'un joli vert métallique brillant, est très répandu sur de nombreuses espèces horticoles ornementales. Les adultes se nourrissent des étamines des roses et de leurs pétales, surtout ceux des variétés claires. S'ils font de gros dégâts, ramassez-les en début de matinée, quand ils sont encore engourdis par la fraîcheur de la nuit : l'opération ne présente aucune difficulté.

Bupreste (***Coroebus rubi***)
Ce coléoptère hôte des ronciers s'est adapté aux roses cultivées. Les adultes, noir bronzé à reflets mordorés et violacés, mesurent près d'un centimètre de long. Ils font leur apparition à la mi-mars et rongent profondément les feuilles, ne laissant que les nervures. Ils aiment la chaleur et sont surtout actifs en milieu de journée ou dans les serres. Au moindre bruit ou contact, ils se laissent tomber à terre et font semblant d'être morts. Par mauvais temps, ils restent cachés. Les larves pénètrent à travers l'écorce, s'installent dans les tiges et y creusent des galeries en spirale. La plante, affaiblie, ne produit plus que des tiges courtes et grêles. La lutte chimique donne peu de résultats car les larves sont difficiles à atteindre.

MANDARINA
Miniature remontant,
h. 30-40 cm

Essayez d'éliminer les ronciers autour de votre maison : ce sont de gros foyers d'infection.

Aphidés (*Macrosiphum rosae*)

C'est le vulgaire puceron du rosier. Au printemps, ses colonies envahissent la face inférieure des feuilles. Les boutons sont parfois entièrement recouverts et révèlent alors des fleurs difformes, présentant des traces de piqûres.

Longs de 2 à 3 millimètres, verts, ces pucerons sucent la sève des jeunes tissus. Ils ont une prédilection pour les plantes vigoureuses et bien fumées. Ils sont en outre nuisibles à cause de leurs sécrétions liquides et sucrées, qui favorisent l'installation des maladies cryptogamiques et attirent les fourmis.

Les œufs des pucerons produisent des femelles qui, par parthénogénèse, engendrent d'autres femelles, lesquelles se reproduisent rapidement ; les formes mâles ne naissent qu'à l'automne.

De nombreux insecticides spécifiques à base de principes actifs végétaux sont disponibles dans le commerce : n'hésitez pas à y recourir dès que vous surprendrez un puceron sur un bouton.

Cicadelles

Les espèces nuisibles aux rosiers sont au nombre de deux : *Edwardsiana rosae* et *Tettigella viridis*. La première, jaune pâle, mesure 3 à 4 millimètres de long et vit sur la face inférieure des feuilles où elle se nourrit des sucs cellulaires. Ses piqûres de succion provoquent des taches sombres et la chute des feuilles.

Toutefois, cette cicadelle a de nombreux ennemis naturels à la campagne qui lui laissent rarement le temps d'exercer des ravages.

La deuxième cicadelle ne blesse pas les rosiers avec son appareil bucal, mais en déposant ses œufs sur les jeunes rameaux des rosiers buissons et les branches basses des grimpants. Il n'existe aucun moyen de lutte réellement efficace.

Vous pouvez préparer un excellent insecticide biologique contre les pucerons. Faites infuser 20 grammes d'ail et d'oignon hachés dans 2 litres d'eau chaude. Couvrez. Le lendemain, filtrez et pulvérisez généreusement sur vos rosiers.

Cochenilles

Les espèces susceptibles de s'attaquer aux roses sont nombreuses. La plus dangereuse pour les rosiers cultivés est *Aulacaspis rosae*, qui préfère les variétés grimpantes et les plants âgés ou négligés. Avec ses petits boucliers blanchâtres, elle peut recouvrir entièrement les branches, qui finissent par se dessécher. Détruisez les rameaux très attaqués et traitez en hiver les branches moins atteintes aux polysulfures.

Tenthrèdes

Arge rosae et *Arge pagana* sont deux petites guêpes d'environ 1 centimètre de long, à abdomen jaunâtre, tête et thorax noirs. Elles menacent sérieusement les rosiers car elles y effectuent tout leur cycle. Les trois générations d'*Arge pagana* et les deux d'*Arge rosae* se succèdent d'avril à septembre. Parvenues à maturité, les larves de la dernière génération s'enterrent et hivernent dans un cocon. Au début du printemps, les femelles pratiquent des encoches sur les jeunes rameaux et y déposent leurs œufs. *Arge pagana* les introduit sur deux files contiguës d'une quinzaine d'éléments, en épi, *Arge rosae* sur une seule rangée.

Les larves — verdâtres à tête foncée — éclosent une vingtaine de jours plus tard et s'avancent en rang sur les jeunes feuilles qu'elles dévorent entièrement, en commençant par le limbe et en faisant des trous semi-circulaires qui n'épargnent que les nervures principales. En cas d'attaque massive, la défoliation est preque complète. Il est capital d'intervenir dès qu'on a repéré des larves, avec un insecticide à base de pyrèthre.

YELLOW HAMMER
Floribunda remontant,
h. 50-70 cm

En avril, inspectez les nouveaux bourgeons. Là où l'écorce se creuse et noircit, cherchez les œufs et détruisez-les aussitôt avec la pointe d'un couteau fin.

ROSA BANKSIAE LUTEA
Grimpant, h. jusqu'à 15 m

Abeille tapissière
(*Megachile centuncularis*)
L'insecte adulte mesure 1,2 à 1,5 centimètres de long. Il est noir, recouvert d'un épais duvet brun rougeâtre et doté d'ailes transparentes et de puissantes mandibules.

Cette abeille solitaire découpe sur les feuilles des rosiers sauvages et cultivés des morceaux semi-circulaires qu'elle utilise pour façonner dans le sol des cellules qui, garnies de miel et de pollen, abriteront ensuite ses œufs. C'est cette habitude qui lui vaut le nom d'« abeille tapisssière ».

Elle ne se reproduit qu'une fois par an et les dégâts qu'elle cause ne compromettent pas la survie de la plante : ils sont seulement inesthétiques.

Ardis sulcata
Cet hyménoptère noir de 5 à 6 millimètres de long, de la famille des Tenthrédinidés, affectionne les variétés de rosiers à tiges riches en moelle. Les femelles sortent de leur cocon en mars-avril et pondent leurs œufs dans la nervure principale des feuilles des jeunes pousses. Les larves gagnent le sommet de la pousse et y creusent une galerie de 5 à 7 centimètres de long. Début mai, parvenues à maturité, elles percent un trou dans la tige et se laissent tomber à terre, puis s'enfoncent dans le sol à 10 centimètres de profondeur et filent un cocon pour passer l'hiver.

On combat ces insectes en arrachant et en brûlant les pousses de rosier dès qu'elles se flétrissent.

MICHÈLE MEILLAND
Hybride de thé, arbuste remontant,
h. 60 cm

Maladies cryptogamiques

Marsonia

C'est la « maladie des taches noires ». Elle est due à un champignon parasite, *Diplocarpon rosae*, répandu dans le monde entier mais qui ne provoque des ravages que dans les lieux frais et humides. Il se manifeste sous deux formes : *Marssonina rosae* au printemps et *Actionema rosae* à la fin du l'automne. La forme printanière n'engendre aucun symptôme visible ; l'autre se manifeste pas des taches circulaires violacées à brun noirâtre, de 4 à 5 millimètres de diamètre, d'abord isolées puis qui se rejoignent ; des cordons surélevés vont du centre à la périphérie des lésions. Le nombre de taches dépend de la sensibilité de la plante et de l'intensité de l'attaque.

Si, au printemps, une forte humidité de l'air se combine avec une température avoisinant 24 °C et si les feuilles restent mouillées pendant plus de six heures, l'infection des rosiers sensibles est probable.

Pour l'éviter, effectuez à la fin du printemps, et tant que des conditions climatiques favorables au développement de la maladie subsistent, un traitement tous les sept à dix jours avec des produits à base de sels de cuivre ou de dithiocarbamates.

Rosiers particulièrement résistants : *R. mutiflora* , *R. wichuraiana*, *R. cinnamomea*.

Variétés très sensibles : « Iceberg », « Piccadilly », « Zambra ».

Attaque de marsonia. À droite, détail de feuilles très atteintes.

Bouton floral et rameau couverts du feutrage blanchâtre de l'oïdium.

Oïdium ou « blanc »
Sphaerotheca pannosa var. *rosae* se manifeste surtout au printemps et en automne. Les conditions climatiques optimales pour l'activité de ce champignon sont une température proche de 21° C et une humidité relative élevée.

Les symptômes apparaissent d'abord sur les feuilles, qui se couvrent d'une poussière blanchâtre, jaunissent et se déssèchent. Les bourgeons et les rameaux atteints s'affaiblissent, deviennent rachitiques et se tordent. Ce sont toutefois les boutons qui subissent les principaux dommages. S'ils sont attaqués avant l'éclosion, leurs sépales se couvent d'un feutrage blanchâtre et les roses ne peuvent pas s'épanouir ou restent petites et difformes. Si, par contre, l'infection apparaît sur des fleurs déjà développées, les pétales se tachent, se recroquevillent et se fanent prématurément. Le traitement le plus adapté, à titre préventif aussi bien que curatif, reste le soufre, en poudre ou en solution. En dessous de 18 °C, le soufre cesse d'être actif et doit être remplacé par du Karathane.

Variétés très résistantes : « Céline Delbard », « Starina », « Queen Elizabeth ». Variétés sensibles : « Ophélia », « Michèle Meilland », « Guinée », « Fashion », « Iceberg », « Lili Marlène ».

Coupez avant l'hiver les rameaux attaqués par l'oïdium et brûlez-les.

Rouille

Très répandue sur les espèces sauvages et cultivées mais rarement fatale, cette maladie est souvent provoquée par *Phragmidium subcorticium* (ou parfois *P. mucronatum*) dont le cycle de reproduction débute au printemps. Les premières manifestations du mal apparaissent en juin sous forme de petites taches jaune orangé, disséminées sur la partie supérieure des feuilles et auxquelles correspondent, sur la face inférieure, de petits amas pulvérulents. Pendant l'été, des pustules brun foncé apparaissent. En cas d'attaque importante, les rosiers perdent beaucoup de feuilles et cessent de se développer. Chez les variétés les plus sensibles, les symptômes peuvent également surgir sur les autres parties de la plante.

La diffusion de cette maladie est favorisée par un temps pluvieux, humide, avec beaucoup de rosée et des brumes persistantes — idéal pour la germination des spores. La température optimale de développement du champignon oscille entre 18 et 22 °C. Traitez au printemps, à deux, trois ou quatre reprises, avec des produits à base de dithiocarbamates (Zinèbe, Mancozèbe, Manèbe, Thirame).

Chancre du rosier

Il est notamment dû au champignon *Coniothyrium fuckelii*. Celui-ci pénètre dans les plantes par les plaies de greffe ou de taille — surtout si l'on opère avec un sécateur infecté ou trop loin d'un nœud — ou passe par les lésions occasionnées par des insectes. Une année peut s'écouler avant l'apparition des premiers symptômes. On voit alors se former des dépressions lisses et sombres, puis noires et crevassées. Quand l'infection s'est étendue à toute la zone de greffe, le rosier meurt. Si elle attaque le tronc, elle le fait dépérir.

La maladie progresse rapidement à 25-26 °C et se répand surtout dans les serres. Elle est favorisée par une ventilation insuffisante et l'usage abusif d'engrais azotés.

Il n'existe aucun traitement. La lutte est purement préventive et revient au pépiniériste, qui doit n'utiliser que du matériel parfaitement propre.

Si vous découvrez des symptômes de rouille dans votre jardin, coupez les rosiers infestés, brûlez-les, puis nettoyez bien votre sécateur et désinfectez-le en le laissant tremper dans de l'alcool à 90°.

WINCHESTER CATHEDRAL
« English rose », buisson,
h. 120 cm

WHITE GROOTENDORST
R. rugosa, arbuste,
h. 120-150 cm

R. SPINOSISSIMA « ALTAICA »
R. pimpinellifolia, arbuste,
h. 120-150 cm

COMPLICATA
R. gallica, buisson, h. 150-250 cm

ROSIERS REMONTANTS

Les rosiers remontants — ceux qui fleurissent abondamment en mai-juin et continuent à produire des fleurs pendant pratiquement tout l'été, parfois même jusqu'en octobre — sont une conquête récente des sélectionneurs européens. Jusqu'à la fin du XVIIIe siècle en effet, on cultivait uniquement des espèces directement issues du milieu naturel, comme *Rosa canina* et *Rosa gallica*, qui ne fleurissent qu'au printemps. Le seul rosier présentant alors quelques floraisons sporadiques après le printemps était l'exotique *Rosa damascena*, originaire d'Asie Mineure.

En 1792, on introduisit pour la première fois en Europe *Rosa chinensis semperflorens* ou rosier du Bengale, qui fut la souche des remontants peu à peu obtenus au moyen de techniques d'hybridation artificielle de plus en plus sophistiquées.

Le caractère remontant, désormais très répandu chez les roses modernes, se manifeste de façon plus ou moins spectaculaire selon les variétés. Seuls quelques sarmenteux à floraison printanière unique font exception.

La floraison est rarement continue pendant tout l'été. Elle décroît généralement durant les grandes chaleurs pour redevenir abondante en septembre, quand la température, l'humidité de l'air et la longueur des journées retrouvent des valeurs comparables à celles de mai et juin.

Tenez compte de cette propriété de « remonter » lorsque vous achèterez vos variétés, car elle influera considérablement sur la composition chromatique de votre jardin.

Si vous optez pour des rosiers non remontants, placez-les près d'arbustes ou de plantes herbacées de taille analogue, qui fleurissent abondamment en été.

Parmi les non remontants, « Complicata » mérite une mention : cette superbe variété à grand développement, très résistante au gel et aux maladies, forme un buisson étalé pouvant atteindre 2,50 mètres de haut. Elle s'adapte à tous les sols et demande peu de soins. Ses grandes fleurs simples, d'un rouge vif insolite, surgissent en une unique et joyeuse explosion de couleur, entre mai et juin.

Les rosiers remontants se prêtent mieux à la réalisation de bordures, de haies ou de taches de couleur isolées. Par ailleurs, si vous souhaitez installer un rosier solitaire au milieu d'une pelouse ou dans un grand pot, choisissez plutôt une variété remontante à grandes fleurs : l'effet esthétique sera plus sûr.

CASTORE
Couvre-sol remontant

POLLUCE
Couvre-sol remontant

ARBUSTES ET BUISSONS

On parle couramment d'arbustes à propos des rosiers dont le port est dressé ou relevé, tandis que le terme buisson désigne plus volontiers les espèces à longues branches flexibles et retombantes, souvent enchevêtrées.

La sélection a créé des arbustes et des buissons aux dimensions et ports les plus variés : depuis les vigoureux buissons propres à recouvrir de grandes surfaces avec leurs grosses branches arquées — comme « Scarlet Fire », un hybride de *Rosa gallica* à grandes fleurs rouges, qui peut atteindre 4 mètres de haut — jusqu'aux minuscules rosiers miniatures ou certains polyantha de taille réduite comme « Bordure vive », une des variétés les plus basses, qui ne dépasse pas 40 centimètres de haut et donne de très nombreuses fleurs semi-doubles réunies en bouquets, rose cyclamen à centre blanc.

Parallèlement à cette évolution, les dimensions des jardins n'ont cessé de se réduire. Cependant, vous trouvez toujours au moins un rosier dont la forme et les dimensions correspondent exactement à vos exigences. Le tout est de concevoir le plan de votre jardin ou, plus simplement, de choisir vos rosiers, en gardant bien à l'esprit la fonction que vous comptez attribuer à chaque plante.

Essayez de respecter quelques principes qui vous assureront un résultat agréable et équilibré. Tout d'abord, réfléchissez bien au dimensions de votre jardin et plantez-y les rosiers qui s'harmoniseront le mieux avec l'atmosphère et le style de votre habitation. Si vous avez beaucoup de terrain, disposez de grands buis-

BORDURE VIVE
Polyantha remontant, h. 30-40 cm

sons au fond ou sur les côtés. Vous pouvez, dans ce cas, utiliser des rosiers buissons non remontants, que vous ferez alterner avec des arbustes à périodes de floraison complémentaires.

Au centre de vastes pelouses, réalisez quelques massifs colorés avec des groupes foisonnants de polyantha ou de floribunda.

Si au contraire votre jardin est petit, privilégiez les caractéristiques de chaque variété, plus facilement perceptibles de près : avec leurs formes parfaites et leurs couleurs vives, quelques roses thé en parterre feront d'un espace réduit un véritable joyau.

Pour créer des recoins romantiques et pour plus de discrétion, préférez les formes douces, les couleurs tendres et les parfums enivrants des roses anciennes.

Si vous aimez plutôt l'élégance un peu formelle et les ports droits, vous pouvez vous contenter d'un unique exemplaire de rosier buisson remontant à grandes fleurs, qui vous donnera des roses impeccables de mai à octobre.

FRÜHLINGSGOLD
Arbuste, h. 180-300 cm

WILHELM
Hybride de R. moschata, remontant, h. 150 cm

Rapportez sur un plan à l'échelle de votre jardin les dimensions à l'âge adulte des rosiers que vous comptez utiliser : vous estimerez mieux les distances de plantation.

WILLIAM SHAKESPEARE
« English rose », arbuste remontant, h. 80-100 cm

ENGLISH GARDEN
« English rose », arbuste remontant, h. 120 cm

Roses rares, anciennes et historiques

Les roses anciennes sont redevenues à la mode. Stérile nostalgie ? Non, car leur charme discret et romantique offre parfois des solutions tout à fait intéressantes pour les jardins modernes. De plus, la tendance actuelle privilégie, un peu sur le modèle des jardins anglais, des décors très naturels, peu géométriques, où formes et couleurs se fondent harmonieusement.

Les formes libres de ces rosiers et leur port désordonné se prêtent particulièrement bien à l'ornementation de vieux jardins de maisons de campagne, qu'il s'agisse de recouvrir des murets en pierre ou en brique ou de masquer d'inesthétiques clôtures.

Enfin, au-delà des considérations purement esthétiques, les rosiers anciens, peu exigeants en taille et soins divers, simplifient grandement le travail du jardinier.

Beaucoup de rosiers anciens ne sont pas remontants, mais produisent en automne de jolies baies rouge orangé. Leurs corolles, simples ou très doubles, aux formes douces et aux couleurs tendres et délicates, sont souvent très parfumées.

Tous les rosiers *gallica* forment des buissons vigoureux, de 90 à 120 centimètres de haut, rustiques et sains, parfaits en massifs ou en haies libres. Citons « Gloire de France », dont les fleurs pleines lilas sont d'une teinte plus intense au centre.

Les amateurs de formes plus globuleuses ou en coupe, avec des pétales serrés et intensément parfumés, peuvent choisir les cent-feuilles, les rosiers de Damas et les mousseux : ils ne demandent qu'un léger nettoyage en été pour éliminer les sommités fanées et une taille en fin d'hiver qui réduise leurs longues branches d'un tiers.

Une variété extraordinaire, très proche des *centifolia*, a été dédiée au peintre Fantin-Latour ; le poids de ses grandes fleurs rose pâle a néanmoins tendance à courber des branches fort épineuses, qui manquent hélas un peu d'élégance.

Parmi les mousseux, évoquons « Salet », variété de 1,20 mètre de haut, à feuilles claires et fleurs roses qui embaument le soir.

Les nouvelles variétés anglaises leur ressemblent beaucoup. Elles ont l'avantage d'allier au charme des roses anciennes les couleurs plus vives et le caractère nettement remontant des modernes. Saines et vigoureuses, elles résistent bien à la plupart des maladies et se contentent de tailles sommaires. Citons « Graham Thomas », jaune d'or ; « Swan », blanc crème, « William Shakespeare », rouge pourpre.

GRAHAM THOMAS
« English rose », arbuste remontant, h. 100 cm

Rosiers hybrides de thé

Ils doivent leur popularité à la perfection des formes et des couleurs de leurs grandes fleurs de 10 à 15 centimètres de diamètre, portées par de longues et fortes tiges dotées de robustes épines. Ce sont donc d'excellents rosiers de jardin.

Leurs fleurs sont généralement parfumées et formées de vingt à vingt-cinq pétales veloutés ou satinés, mais les variétés simples ou doubles ne manquent pas.

Leurs couleurs couvrent toutes les nuances du blanc, du jaune, de l'orange, du rouge et du rose, avec des teintes parfois très vives. Certaines variétés, comme « Anna Pavlova », à fleurs rose carné très odorantes, ou la célèbre « Crimson Glory », rouge et veloutée, ou encore « Tiffany », rose mêlé d'or, donnent des fleurs délicates, facilement abîmées par la pluie.

Presque toutes les variétés rouges ont tendance, si elles poussent en plein soleil, à se décolorer au fil de leur épanouissement.

Les hybrides de thé ont une floraison continue de mai-juin à l'automne, avec un léger ralentissement au milieu de l'été. Dans les régions chaudes, la floraison peut se poursuivre jusqu'aux gelées.

Ils préfèrent les climats tempérés et les emplacements ensoleillés, à l'abri du vent. Certains sont si délicats qu'il faut les protéger en hiver : dans le nord de l'Europe, on ne peut les cultiver qu'en serre.

La culture en pleine terre ne

SISSI (OU BLUE MOON)
Thé, arbuste remontant,
h. 80-100 cm

REVIVAL
Thé, arbuste remontant,
h. 100-120 cm

pose pas de problèmes si l'on respecte les exigences de chaque variété. Il faut toutefois effectuer avec soin la taille de printemps en ne laissant sur chaque tige de l'année précédente que trois yeux à partir de la base. Éliminez les branches mortes et les plus frêles, qui ne produiront pas de fleurs, et essayez de ne garder que les branches robustes tournées vers l'extérieur. En été, enlevez toutes les sommités flétries en veillant à couper juste au-dessus du dernier œil.

Les usages des roses thé varient à l'infini et, bien que beaucoup de pépiniéristes conseillent de les cultiver isolément pour mettre en valeur leur beauté et les spécificités de chaque variété, elles se prêtent aussi à la réalisation de massifs et de parterres.

De nombreuses variétés peuvent être plantées en bacs ou en jardinières. Presque toutes donnent d'excellentes fleurs à couper.

PHARAON
Thé, arbuste remontant, h. 80-100 cm

MAGIA NERA
Thé, arbuste remontant, h. 80-100 cm

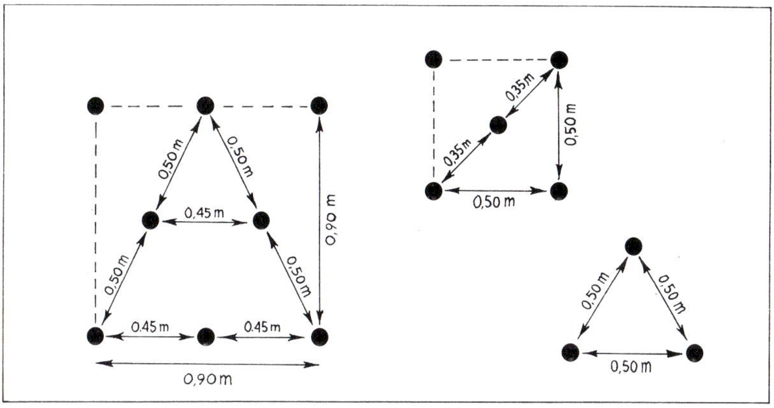

Pour vos parterres d'hybrides de thé, adoptez un de ces schémas de répartition ou combinez-les entre eux.

CÉCILE BRUNNER
Polyantha remontant, h. 60 cm

CALLIOPE
Polyantha remontant, h. 130-140 cm

Poyantha et floribunda

Les rosiers polyanta
Les polyantha sont des rosiers bas très robustes, produisant de petites fleurs de 5 centimètres de diamètre maximum, réunies en petits bouquets serrés de cinq ou davantage, qui s'épanouissent simultanément. Ces roses fleurissent à profusion sur les branches de l'année comme sur les plus vieilles, ce qui assure une floraison continue pendant toute la saison.

Les corolles peuvent être simples (cinq à sept pétales) ou très doubles (quarante-cinq pétales). Elle sont rarement parfumées mais offrent d'innombrables nuances de couleurs. Le succès des polyantha s'explique par leur floraison généreuse, leur taille réduite (60 à 90 centimètres) et leur extraordinaire résistance au froid. Ces caractéristiques, jointes à la simplicité de leur entretien, en font des arbustes idéaux pour réaliser des parterres et des massifs colorés ou des haies basses et compactes.

Parmi les polyantha d'origine, supplantés par les hybrides récents, on trouve encore dans les catalogues spécialisés l'impérissable « Cécile Brunner », au parfum délicat et aux merveilleux petits boutons rose tendre, obtenu en 1881 par la veuve Ducher.

Associez vos rosiers polyantha à des plantes herbacées de même taille ayant des fleurs de diamètre équivalent mais de couleurs différentes : vous créerez ainsi des effets chromatiques originaux.

Les rosiers floribunda

Issus du croisement des polyantha avec des hybrides de thé traditionnels, ils ont hérité des premiers la disposition de leurs fleurs en bouquets et des seconds leurs feuilles et la forme impeccable de leurs grandes roses à longues tiges. Presque toutes les variétés — il en existe maintenant plusieurs centaines — donnent des fleurs élégantes de 5 à 10 centimètres de diamètre, à boutons allongés et fuselés.

Qu'elles soient simples, semi-doubles ou à pétales plus nombreux, les roses de floribunda sont habituellement peu odorantes, mais leur gamme de couleurs est extrêmement étendue.

Leur floraison abondante et continue — à partir de mai ou juin, suivant les climats — ainsi que leurs teintes vives, les désignent tout naturellement à la création de taches de couleur sur des parterres ou des bordures.

Seules quelques plantes annuelles peuvent rivaliser avec les floribunda en matière de grands effets

RITA LEVI MONTALCINI
Floribunda, buisson, h. 90 cm

CASQUE D'OR
Floribunda, buisson, h. 70 cm

Pour réaliser des massifs agréablement colorés, achetez une seule variété de chaque couleur et disposez les plantes en groupe.

chromatiques de masse, avec en outre l'inconvénient de devoir être remplacées chaque printemps.

Technique de culture

Elle est similaire à celle des autres rosiers.

Pour les haies et les parterres, laissez 30 à 50 centimètres entre chaque pied, suivant la variété. Si ce n'est déjà fait à l'achat, taillez tous vos floribunda et tous vos polyantha avant leur plantation, à trois ou quatre yeux à partir de la base de chaque rameau, pour leur assurer un développement équilibré et harmonieux.

La taille d'entretien des rosiers adultes reste essentielle pour stimuler la floraison. De fait, les floribunda non taillés s'épuisent très vite et, du coup, fleurissent de moins en moins.

Comme ce sont des plantes très remontantes, qui produisent une quantité importante de fleurs, la taille doit être légère : coupez les branches les plus robustes à cinq ou sept yeux de leur base, éliminez tous les rameaux moins épais qu'un crayon — car ils ne fleuriront jamais — et terminez en enlevant les rameaux morts. Le principe est de maintenir le centre de la plante aussi dégagé que possible.

Pendant l'été, pensez à supprimer les parties flétries à l'aide d'un sécateur, en coupant au-dessus de l'œil le plus proche des fleurs.

AMBRA
Floribunda, buisson remontant, h. 50 cm

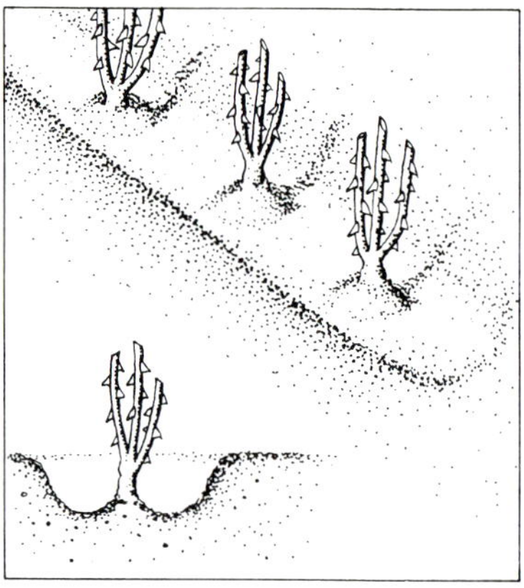

Pour planter une haie, le plus rationnel est de creuser une tranchée de 30 centimètres de profondeur et 60 centimètres de large sur la longueur voulue.

Utilisations

Les arbustes de floribunda donnent une végétation dense et régulière ; leur feuillage sombre, coriace, résiste aux maladies cryptogamiques.

Leur hauteur varie des 30 centimètres d'« Anna Ford », petit buisson compact à fleurs rouge orangé, au 1,50 mètre d'« Iceberg », variété blanche très rustique et éminemment remontante, parfaite pour des haies libres. Les floribunda offrent donc des solutions aux problèmes les plus divers, en jardin ou en terrasse.

Suivant leur port, dressé comme celui de « Allgold » — incomparable variété jaune d'or — ou étalé comme chez « Bonica 82 », récent rosier arbustif buissonnant et évasé, ils forment des haies régulières ou plus libres.

Certaines variétés, parmi les plus basses et les plus compactes notamment, se prêtent bien à la création de bordures ou à la culture en pots. Les fleurs des variétés les plus hautes, surtout celles dont les pétales tombent une fois fanés, sont parfaites en vase.

Floribunda à port dressé : « Anne Harkness », jaune abricot ; « Elizabeth of Glamis », rose saumon intense ; « Europeana », rouge vif ; « Geraldine », orangé ; « Korona », rouge écarlate ; « Margaret Merril », blanc rosé.

Floribunda à port souple : « Amber Queen », jaune ambré ; « Apricot nectar », abricot clair ; « Nathalie Nypels », rose saumon ; « Paddy McGredy », rose corail foncé ; « Rusticana », vermillon.

Floribunda pour fleurs à couper : « Allgold », jaune clair ; « Avocet », orangé ; « Arthur Bell », jaune intense ; « Escapade », rose violacé ; « Dusky maiden », rouge velouté ; « Iced Ginger », rose clair cuivré ; « Garnette », rouge grenat ; « Old Master », argenté ; « Pink Parfait », rose abricoté.

Floribunda pour haies :
— hautes (80-100 centimètres) : « Chinatown », jaune clair ; « Hannah Gordon », rose et blanc ; « Olala », rouge sang ;
— moyennes (60-80 centimètres) : « Lili Marlène », cramoisi brillant ; « Masquerade », rouge, rose et jaune ; « Priscilla Burton », rose et carmin ;
— basses (40-60 centimètres) : « City of Belfast », écarlate ; « Meteor », rouge orangé ; « Norwich Union », jaune clair.

Traitez préventivement contre l'oïdium et les taches noires (voir pages 48-49) les rosiers disposés en haie car le contact entre les feuilles facilite la diffusion des cryptogames.

NICOLE
Floribunda, buisson remontant, h. 60 cm

Rosiers à grandes fleurs

Ces rosiers à fleurs en bouquets, issus des thé et des floribunda, réunissent les principales qualités de leurs géniteurs.

Très vigoureux (de 80 à 180 centimètres), à port dressé, ils donnent de grandes fleurs (7,5 à 12,5 centimètres de diamètre), bien conformées mais peu odorantes. Ils offrent une très vaste gamme de couleurs et fleurissent de mai à la fin de l'automne.

Les soins à donner se limitent aux tailles habituelles et à la suppression de la totalité de l'inflorescence après floraison.

Leur port altier, leur rusticité et, en général, leur résistance à la plupart des maladies fongiques grâce à un feuillage coriace, prédestinent les variétés les plus hautes à la réalisation de grandes haies ou séparations. Ils sont aussi parfaits pour servir de fond à des rosiers plus petits.

Les plus majestueux, comme « Queen Elizabeth », font néanmoins bonne figure isolés. Cette dernière variété, créée en 1954, s'est vu décerner le titre de « rose préférée du monde » pour ses belles fleurs roses presque inodores portées par de longues tiges peu épineuses.

QUEEN ELIZABETH
Buisson grandiflora, remontant, h. 120 cm

Variétés à grandes fleurs : « June Bride », blanc crème ; « Sea Pearl », orangé pâle ; « Red Gold », jaune doré ; « Violet Carson », rose pêche ; « Rob Roy », rouge écarlate.

Rosiers arbustes anciens

Les hybrides de la japonaise *Rosa rugosa* sont arrivés en Europe à la fin du siècle dernier. Ce sont des arbustes vigoureux de 1,20 à 1,80 mètre de haut, caractérisés par un beau feuillage vert bleuté qui semble finement froncé, et de gros fruits rouges ou orangés.

Les fleurs ne sont pas pour autant dépourvues de charme : simples ou doubles, toujours grandes et parfumées, elles explosent en une floraison précoce blanc pur, rose clair ou lilas, ou bien rouge cramoisi, qui se prolonge avec moins d'intensité pendant tout l'été.

Au jardin, ces rosiers ont l'avantage de s'adapter à des sols très pauvres et de présenter une excellente résistance au froid et aux maladies. Grâce à leur végétation dense, ils sont idéaux pour former de grandes haies infranchissables : il suffit de les planter en files décalées. Les variétés les plus intéressantes sont « Blanc Double de Coubert », blanche et très double ; « Rose à parfum de l'Haÿ », à fleurs doubles rose violacé, et « Pink Grootendorst », aux curieux pétales roses dentelés comme ceux des œillets.

ROSE À PARFUM DE L'HAŸ
R. rugosa, buisson remontant, h. 100 cm

SCABROSA
R. rugosa, h. 180 cm

Cueillez les fruits (cynorrhodons) mûrs et semez-les (voir pages 104-105) ; c'est la meilleure façon de multiplier ces rosiers. À gauche, fruit mûr.

Grands rosiers buissons et arbustes

Ce groupe hétérogène comprend des plantes caractérisées par l'importance de leurs dimensions et par des branches souples et arquées. Il s'agit d'arbustes très rustiques, adaptés à tous les climats et tous les terrains. De nombreuses variétés peuvent être cultivées dans des emplacements un peu ombragés, ce qui les rend précieuses partout où des arbres ou des murs limitent l'ensoleillement.

Certains de ces rosiers — comme le magnifique « Constance Spry », vigoureux arbuste (2,50 mètres de hauteur et de diamètre) aux très grandes fleurs rose vif en forme de coupe et au parfum prononcé — ne fleurissent qu'une fois. Cependant, la majorité des variétés sont remontantes.

Ces rosiers demandent des tailles légères pour prendre ou conserver leur forme. Chez les sujets développés, il faut enlever le vieux bois en coupant les branches à la base.

Quelques-uns de ces grands buissons sont des rosiers botaniques, comme *Rosa hugonis* (2,50 mètres de haut et de large, au port enchevêtré, qui porte d'éclatantes fleurs jaunes) ou *Rosa moyesii* (4 mètres de haut, à fleurs simples rouges), tous deux arrivés de Chine vers le début du siècle.

La luxuriance de leur végétation fait qu'on emploie habituellement

CERISE BOUQUET
Hybride de R. multibracteata, buisson remontant, h. 350 cm

ces rosiers isolément : certaines variétés comme « Cerise Bouquet », haut et vigoureux hybride de *Rosa multibracteata* (3,50 × 3,50 mètres) à fleurs rouge cerise semi-doubles, sont si monumentales qu'un seul sujet exige déjà un très vaste espace. Pourtant, même des buissons aussi encombrants méritent parfois d'être plantés en groupe : on obtient alors des effets spectaculaires et des masses colorées.

Du fait de la délicatesse de leurs formes et de leurs couleurs, certaines de ces variétés se prêtent bien à ce qu'on les juxtapose entre elles et se fondent aussi harmonieusement avec des rosiers anciens comme *Rosa borboniana* ou *Rosa damascena*, dont elles rappellent l'allure générale.

Dans de grands parcs, on peut les utiliser pour marquer la limite entre les arbres et les espaces gazonnés. Ces grands buissons répondent, comme les rosiers prostrés, à la demande actuelle d'espèces vivaces à croissance rapide, d'entretien aisé et peu onéreux, pouvant être utilisées dans les espaces verts publics.

MME PIERRE OGER
R. borboniana, buisson remontant, h. 150 cm

ROSA BRACTEATA
Hybride, buisson, h. 250-350 cm

Réalisez une haie mixte, en les mêlant à d'autres plantes arbustives telles que viornes, pommiers d'ornement, cornouillers, troènes. Vous obtiendrez un feu d'artifice de baies, fleurs, feuilles et fruits.

MME A. MEILLAND
(ou GIOIA, ou PEACE)
Hybride de thé, buisson remontant ou sarmenteux, h. 90 cm

EUPHROSINE
R. multiflora, buisson, h. 120 cm

SARMENTEUX ET GRIMPANTS

Il serait plus exact de désigner les rosiers communément appelés grimpants par le terme « sarmenteux ». En effet, les rosiers sont incapables de grimper tout seuls faute d'organes préhensiles leur permettant de s'accrocher à un support. L'adjectif sarmenteux s'applique à toutes les espèces caractérisées par de longues branches — les sarments justement.

Les Britanniques préfèrent quant à eux distinguer les sarmenteux sauvages et toutes les variétés non remontantes qui en sont issues, qu'ils appellent *ramblers*, des espèces récentes et remontantes, issues de croisements ou de *sports* (mutations de certains bourgeons), qu'ils nomment alors *climbers*.

De nombreuses variétés modernes de rosiers arbustifs, comme les floribunda et les hybrides de thé à ascendance complexe, manifestent une remarquable aptitude à produire des bourgeons qui donnent naissance à des branches beaucoup plus longues et vigoureuses, mais dotées de feuilles, de fleurs et d'épines identiques à celles de la variété d'origine.

Par multiplication végétative, il est possible de reproduire et conserver les caractères de la nouvelle variété grimpante, qui garde le nom de la variété d'origine, mais précédé de Cl (abréviation de « climbing »).

FÉLICITÉ ET PERPÉTUE
Rambler, h. 600 cm

PRINCESSE MARIE
R. sempervirens, arbustif, h. jusqu'à 450 cm

Ramblers occidentaux

Les espèces botaniques et leurs hybrides forment les rosiers les plus vigoureux, mais ils sont rarement remontants. On trouve en Occident quelques rosiers sarmenteux spontanés :

Rosa arvensis, ou « rosier des champs », donne en juin des fleurs simples blanc crème, très parfumées, à grosses étamines jaunes. Ses longues branches flexibles lui confèrent un port étalé. Il a fourni une vigoureuse progéniture d'hybrides dont la végétation dense et exubérante crée des formes libres qui prospèrent bien dans les jardins, même à mi-ombre.

Rosa sempervirens, espèce spontanée des régions méditerranéennes, prend dans des conditions optimales un port intermédiaire entre le rampant et le dressé. Les premières mentions écrites de ce rosier remontent à 1561, mais on pense qu'il était déjà connu au temps des Romains. Ses feuilles sombres, brillantes, sont persistantes et, en juin, il porte des fleurs simples, blanches. Parmi ses hybrides, « Félicité et Perpétue », extrêmement vigoureux, dont les branches atteignent 6 mètres de long, produit en juin d'épaisses fleurs doubles, blanc ivoire. Quant à « Adélaïde d'Orléans », avec ses boutons roses et ses fleurs crème, il fait merveille sur des arceaux et des pergolas.

Ramblers orientaux

Importés en Occident, *Rosa banksiae*, *R. bracteata*, *R. laevigata* et *R. gigantea* ont conservé leurs caractéristiques sans donner naissance à de nouveaux hybrides. D'autres espèces, comme *R. multiflora* ou *R. wichuraiana*, se sont montrées plus prolifiques.

Rosa banksiae

La variété cultivée dans nos régions est *Rosa banksiae* « lutea », acclimatée en 1824. Elle produit de véritables troncs d'arbres, lisses, de 8 à 10 mètres de haut, qui se couvrent au printemps d'un foisonnement de petites roses doubles jaunes en bouquets, presque inodores. On trouve aussi *Rosa banksiae* « alba plena », extrêmement vigoureuse sous les climats assez chauds ou les lieux abrités. Son unique floraison, blanche et précoce, est très abondante.

Rosa bracteata

Les grandes fleurs blanches soyeuses de ce rosier venu de Chine en 1793 se détachent sur un feuillage sombre et luisant, persistant jusqu'aux gelées. Ses sarments, forts et vigoureux, peuvent atteindre 5 mètres de long et lui confèrent un port ébouriffé.

De son croisement avec un hybride de thé naquit le luxuriant « Mermaid » qui, dans les régions chaudes, recouvre admirablement colonnes et pergolas avec ses branches de 7 à 8 mètres. Ses grandes fleurs simple jaune canari (12 à 13 centimètres) s'épanouissent pendant tout l'été. Il ne se taille pas.

Rosa multiflora

Souche des hybrides de polyantha, il a aussi engendré « Veilchenblau », superbe sarmenteux qui étend ses branches presque inermes sur des arceaux ou des portiques et offre une splendide floraison violette, même à mi-ombre.

MERMAID
Hybride de R. bracteata, grimpant, h. 600-900 cm

Faites grimper R. wichuraiana à bonne distance du mur : il est sensible à l'oïdium et craint l'humidité.

Rosa wichuraiana
On trouve dans son illustre descendance « Albéric Barbier », vigoureux et robuste hybride à grandes fleurs doubles blanc ivoire, fraîchement parfumées, et boutons jaune citron. Ses tiges souples (6-8 mètres) retombent en cascade quand on ne les taille pas.

Aussi dense et luxuriant, mais avec un port plus droit, « Albertine » présente une floraison estivale rose saumon sur fond de feuillage cuivré et peut revêtir des murs, même à mi-ombre, jusqu'à 5 ou 6 mètres de hauteur.

« Dorothy Perkins » produit d'abondantes cascades de sarments recouverts de petits bouquets de roses roses ; « François Juranville » forme un enchevêtrement de branches épineuses et de corolles roses très doubles ; « American Pillar » explose en une unique et longue floraison de petites fleurs carminées inodores.

ALBÉRIC BARBIER
Hybride de R. wichuraiana, grimpant, h. 600-800 cm

DOROTHY PERKINS
Hybride de R. wichuraiana, grimpant, h. 500 cm

AIMÉE VIBERT
R. noisettiana, sarmenteux, h. 450 cm

CRIMSON GLORY
Sport de thé, grimpant, h. 450 cm

Roses anciennes

Roses Noisette
Elles restent très répandues car ce sont les seules roses anciennes qui fleurissent tout l'été.

On cultive depuis 1828 le gracieux « Aimée Vibert » pour la forme parfaite et le blanc pur de ses fleurs, portées par de luxuriants sarments presque inermes, idéaux pour des galeries. Pour des murs chauds, exposés au sud, on peut choisir les corolles jaunes teintées d'orangé et le joli feuillage brillant de « Rêve d'Or » ou les belles fleurs chamois parfumées de « Gloire de Dijon » qui, moins exigeant, peut même prospérer entre de grands arbustes

Rosiers thé ou à grandes fleurs
Les rosiers thé grimpants d'origine sont relativement peu nombreux : leurs grandes fleurs isolées, intensément parfumées, éclosent en mai-juin puis de nouveau à l'automne.

La noire « Guinée » et la très romantique « Mme Grégoire Staechelin », rose pâle et rose soutenu, peuvent toutes deux monter jusqu'à 4 ou 5 mètres pour recouvrir des murs ou des clôtures.

S'y ajoutent les nombreux *sports* de variétés arbustives, dont certains refleurissent moins à la fin de l'été. Avec leur port dressé, robuste et ramifié, ils font merveille sur des treillis de terrasses et balcons. Ils produisent en outre d'excellentes fleurs à couper.

Climbers issus de sports
« Cl Mme A. Meilland », jaune rosé
« Cl Mr Herbert Stevens », blanc pur
« Cl Mme Butterfly », rose tendre
« Cl Crimson Glory », rouge cramoisi velouté

Grimpants

Nous regroupons sous ce terme, arbitrairement peut-être, les grimpants à caractère remontant accentué ou à floraison estivale qui sont apparus au cours de ces quarante dernières années.

Ils sont bien moins vigoureux que les variétés anciennes qui ne fleurissent qu'une fois, mais incontestablement plus spectaculaires. Ils conviennent donc mieux aux petits jardins, ou à tous ceux qui s'intéressent davantage aux fleurs qu'à l'aspect général de la plante.

Ils peuvent atteindre 2 à 2,50 mètres de haut et se plantent plutôt serrés (1-1,50 mètre), le long d'un mur ou d'un grillage. Avec leur port droit et quasi ordonné, ils donnent le meilleur d'eux-mêmes palissés sur un treillage.

Seuls quelques *sports* de floribunda arbustifs, comme le blanc « Cl Iceberg », l'écarlate « Cl Korona » ou le jaune « Cl Allgold » conservent, malgré leur port dressé, un aspect dense et buissonnant.

Vous aimerez, parmi les plus célèbres, le doux rose de « Clair matin », le rouge éclatant de « Danse du feu », le jaune vif de « Casino » et le rose corail de « Coral Down ».

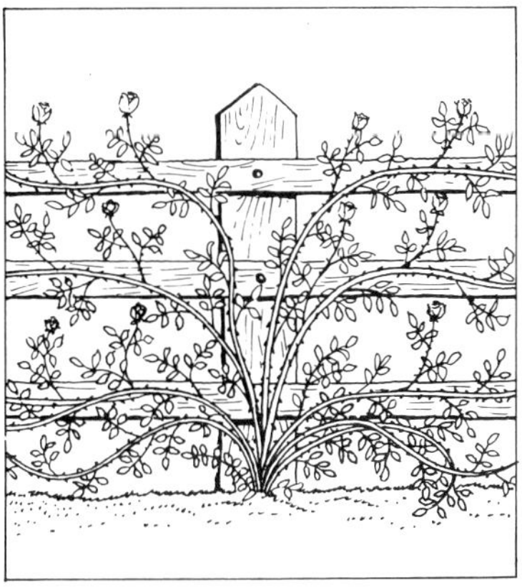

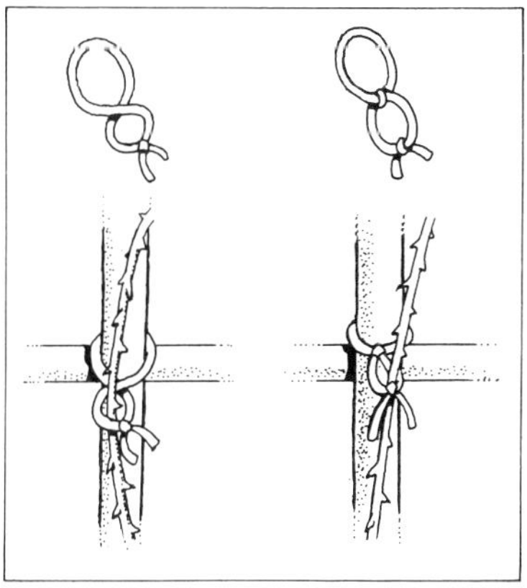

Que ce soit en biais ou horizontalement, attachez les sarments aux fils ou aux treillages avec des liens souples et sans serrer les branches.

Arceaux, murs, pergolas et berceaux

Notre époque ne laissant plus guère de place aux jardins romantiques à arceaux, tonnelles, festons et guirlandes, les grimpants se trouvent généralement relégués dans des rôles plus prosaïques : recouvrir un vilan mur, cacher l'auvent d'une remise, masquer un grillage mitoyen ou envelopper le pied d'un réverbère. Or, ces rosiers peuvent résoudre de façon remarquable quantité de problèmes fonctionnels ou esthétiques. Encore faut-il les choisir avec soin.

Veillez d'abord à n'introduire dans votre jardin que des grimpants adaptés à ses dimensions. Par ailleurs, indépendamment des préférences personnelles, les variétés non remontantes à teintes claires et formes douces s'harmonisent mieux avec l'air veillot de certaines maisons de campagne.

Ensuite, il est évidemment souhaitable que la plante soit adaptée au support qu'on lui destine.

Pour suivre la courbe d'un arceau en demi-cercle devant une porte d'entrée, il convient de choisir une variété vigoureuse à branches souples et dociles, comme « Desprez à fleurs jaunes », un Noisette à fleurs doubles parfumées.

Sur une palissade ou une clôture

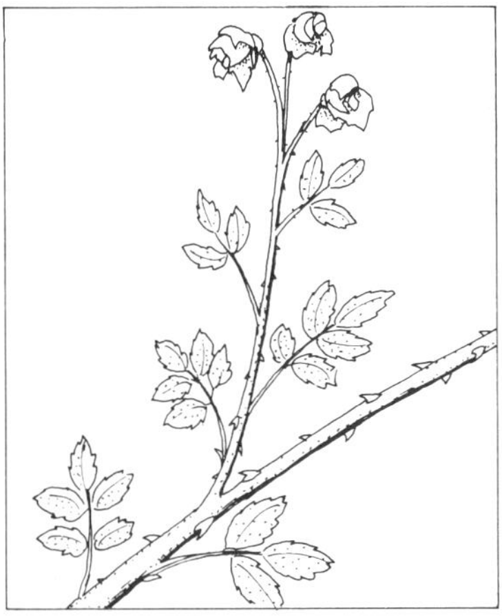

1

2

L'élimination des fleurs fanées stimule l'émission de nouveaux bourgeons qui produiront chez les remontants de nouvelles fleurs la même année.

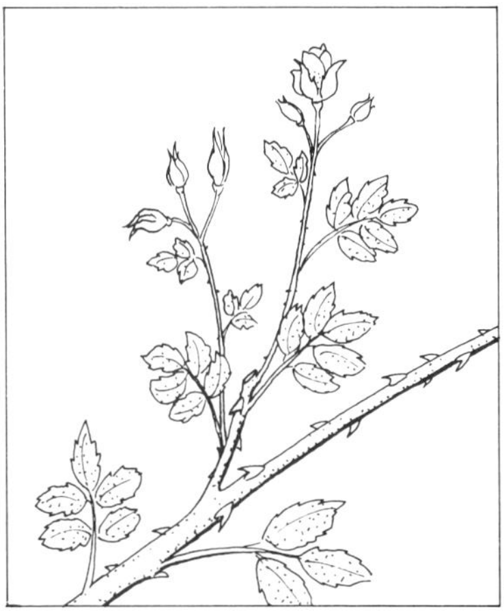

3

RAMPICHINA
Sarmenteux remontant, h. 200 cm

élevée, faites courir horizontalement les longs sarments d'un hybride de *R. wichuraiana* : il vous donnera peu de travail et beaucoup de fleurs.

Pour faire grimper un rosier contre un mur, de nombreuses solutions existent. Si la variété est très vigoureuse (sarments de 6 à 8 mètres), fixez les branches à des crochets métalliques scellés au préalable. Pour les rosiers qui occupent plusieurs dizaines de mètres carrés de surface, fabriquez plutôt une charpente métallique maintenue par des agrafes scellées, à une dizaine de centimètres du mur : mur et rosiers ne s'en porteront que mieux. Avec les grimpants modernes qui ne dépassent pas 2 ou 3 mètres de haut, utilisez des grillages métalliques, des treillis en plastique ou en bois traité, ou des claies.

Pour que vos rosiers se développent régulièrement, il faudra veiller les trois premières années à leur donner une jolie forme en éventail, en attachant leurs branches avec des liens assez lâches.

Les années suivantes, n'oubliez pas que pour donner une floraison exubérante, leurs branches doivent rester incurvées ; c'est pourquoi il faut faire monter en spirale, et non verticalement, ceux qui ornent des piliers ou des colonnades.

Les rosiers grimpants peuvent être vendus à racines nues ou en motte. Dans l'un ou l'autre cas, installez leur support avant de les planter pour ne pas abîmer les racines.

LES ROSIERS TIGES

En fait, ces petits « arbres à roses » sont totalement artificiels : on les obtient en greffant sur des troncs droits de rosiers sauvages — *Rosa canina* ou *Rosa rugosa* notamment — une autre variété de roses.

La greffe peut être pratiquée à 1-1,50 mètre de hauteur, ce qui donne de grands arbustes à couronne très ample dont les rameaux ont tendance à retomber, parfois jusqu'à terre. Pour créer des rosiers pleureurs, on peut aussi greffer une variété sarmenteuse à branches plus souples. Ces derniers portent généralement des petites fleurs et ne sont pas remontants. Une armature légère en forme de parapluie mettra leur port en valeur.

L'obtention de troncs parfaits, robustes, hauts et droits, exige une bonne habileté et produit beaucoup de perte, d'où le prix élevé de ces arbres.

Les rosiers demi-tiges, généralement greffés à 90 centimètres de haut, donnent des formes plus compactes et arrondies grâce à l'emploi de variétés hybrides de thé ou remontantes qui assurent un équilibre judicieux entre hauteur et dimension de la ramure. On greffe aussi, sur des troncs de 1 mètre de haut, des floribunda et certains remontants à grandes fleurs. En grandissant, ceux-ci risquent toutefois de s'aloudir et nécessitent des supports additionnels en plus de leur tuteur.

On voit depuis peu des arbres encore plus bas, greffés à

Couronne de rosier tige

45-60 centimètres du sol avec des variétés de roses prostrées dont la cascade de branches recouvre entièrement le tronc. Ils sont tout spécialement recommandés pour la culture en pots.

Les rosiers tiges demandent des soins particuliers lors de la plantation. Avant d'enfouir les racines, pensez notamment à ficher au milieu du trou un solide tuteur de la hauteur du tronc. Si le climat est rigoureux, protégez soigneusement le point de greffe, particulièrement sensible au gel hors du sol.

La taille doit respecter les caractéristiques des variétés greffées. Vérifiez donc au moment de l'achat si votre arbuste est un hybride de thé ou un sarmenteux.

Les rosiers tiges se prêtent particulièrement bien à l'aménagement de jardins structurés privilégiant les exigences d'une esthétique formelle et géométrique. On peut toutefois les disposer plus simplement : en file, pour border un chemin d'accès ; en petits groupes, pour former des massifs colorés ; ou seuls au milieu d'un parterre de rosiers arbustes de la même variété ou d'autres espèces. Dans tous les cas, l'effet ornemental est garanti.

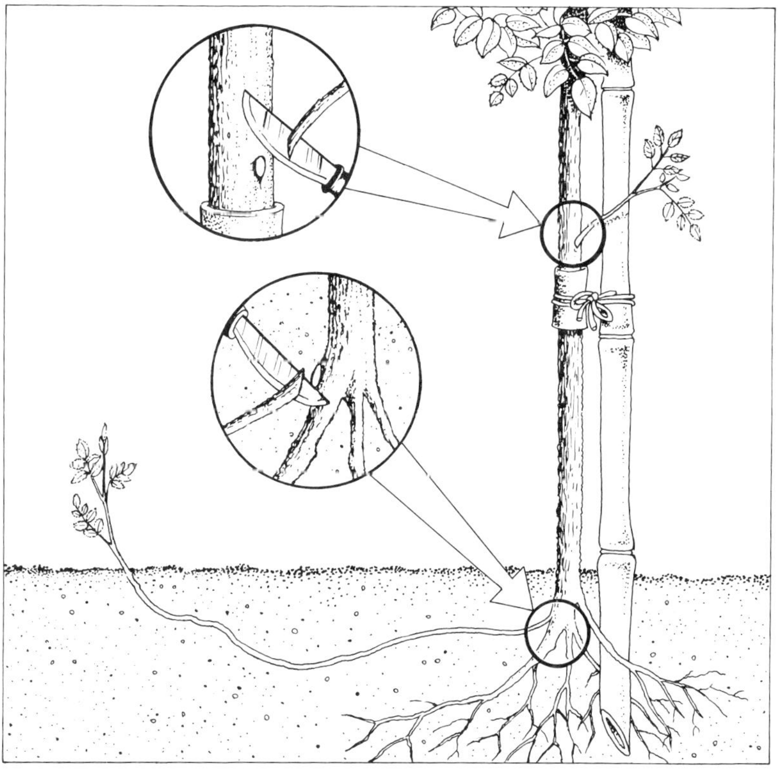

Éliminez rapidement les drageons sauvages qui se développent sous le point de greffe en les coupant au ras du tronc avec un canif bien aiguisé.

UN TAPIS DE ROSES

Certains rosiers produisent de longues branches qui, en poussant plus ou moins à l'horizontale avec une grande vigueur végétative, déterminent dans leur ensemble un port très étalé. Comme ils recouvrent complètement le sol, on peut parler de port tapissant, caractéristique très recherchée et parfois très commode pour résoudre des problèmes particuliers.

Les rosiers couvre-sol ou rampants conviennent en effet aux jardins en pente, pour habiller des corniches difficiles d'accès ou retomber du haut de terre-pleins en formant des taches de couleur éclatantes. Comme ils sont, de surcroît, très envahissants, ils freinent le développement des mauvaises herbes dans les endroits où le désherbage serait problématique.

On peut aussi les cultiver dans de grands pots, d'où ils redescendent jusqu'au sol en avalanches de fleurs.

Les amateurs de roses blanches pourront notamment choisir « Sea Foam », à croissance rapide, végétation très dense et fleurs doubles en bouquets, ou « Nozomi », dont la très longue floraison donne une enchanteresse cascade de rosettes simples.

Le choix entre les variétés à fleurs roses est plus large : « Fleurette », rose carmin vif ; « Castore », aux délicates corolles doubles rose pâle ; « Polluce », rose fuschia, très remontant de mai

En haut, ANDROMEDA, *arbustif retombant, h. 70 cm.*

Page ci-contre : en haut, POLLUCE, *arbustif retombant, h. 80 cm ; en bas,* CASTORE, *arbustif retombant, h. 80 cm.*

à la fin de l'automne, et bien d'autres.

Soins particuliers

Au moment de la plantation, il faut absolument prévoir une fertilisation abondante au moyen d'engrais organico-minéraux à action lente (phosphorite, poudre d'os, fumier très décomposé) qui assureront au fil du temps un apport constant d'éléments nutritifs. En effet, il ne vous sera peut-être pas toujours faciles de fertiliser les années suivantes, une fois que le développement des rosiers aura rendu inaccessible le terrain ou impossible tout rempotage sans abîmer la végétation.

En plus du fumage habituel, répartissez donc des engrais complémentaires, en partie au fond d'un trou et en partie dans la terre qui recouvrira les racines. Nous recommandons à cet effet un complément simple composé, pour chaque rosier, de 300 grammes d'un engrais à base de phosphore (perphosphate ou phosphorite) et 100 grammes d'un engrais à base de potasse.

Pour obtenir un effet tapissant plus dense et plus régulier, placez les rosiers à 50-60 centimètres les uns des autres, 1 mètre maximum pour les variétés les plus vigoureuses. Vous pouvez aussi les planter par groupes d'un ou deux par mètre carré.

La croissance est assez rapide et, comme on doit les laisser se développer librement, il n'est pas nécessaire de les tailler.

Les variétés
La recherche de nouveaux rosiers tapissants, retombants, couvre-sol et remontants répond à des exigences relativement récentes des architectes et des paysagistes. Qualité remontante exceptée, ces caractéristiques existaient déjà chez deux rosiers japonais, *Rosa wichuraiana* et *Rosa rugosa*, dont l'hybridation aboutit au début du siècle à la création de la variété « Max Graf ».

Ce rosier exceptionnellement robuste, qui devint le prototype de tous les couvre-sol avec ses ramifications longues et touffues, sa rusticité, sa résistance au gel et aux maladies fongiques, présente en juin une unique et longue floraison de grandes fleurs simples, rose vif à cœur jaune.

Plus récemment, on a créé d'autres variétés à branches souples pouvant atteindre 2 mètres de long, qui recouvrent rapidement les surfaces planes ou en pente.

Certaines d'entre elles, obtenues par la célèbre maison Meilland, sont très spectaculaires et conviennent aux grands espaces verts publics grâce à leurs faibles exigences en soins et leur bonne résistance aux maladies et au gel, alliées, bien entendu, à une longue et brillante floraison.

La même firme a créé de nombreuses variétés dont le port, d'abord dressé, se fait ensuite retombant — sorte de forme intermédiaire entre les véritables tapissants et les sarmenteux. Elle a ainsi constitué une vaste gamme de rosiers au port très diversifié.

NOZOMI
Arbustif retombant

TESORINO, *arbustif retombant*

SNOW CARPET, *arbuste retombant*

« Swany » est un exemple de variété de taille réduite à branches dressées plus souples ; ses fleurs doubles blanches, en rosettes, sont remontantes sous les climats chauds. On plante trois pieds au mètre carré.

« Ferdy », variété à port dressé puis retombant, dont les longues branches se couvrent d'une foule de petites roses roses et doubles, est au contraire une plante très vigoureuse. On plante deux pieds au mètre carré.

Ces dernières années, on a aussi obtenu à partir de rosiers miniatures quelques variétés tapissantes retombantes dont le développement très limité en hauteur est compensé par une végétation de branches très serrées s'étalant sur le sol.

Ces variétés s'adaptent encore mieux que les précédentes à la culture dans des jardins rocailleux, des pots ou des bacs. Parmi elles, citons « Snow Carpet » — tapis de neige — à végétation dense et très basse, qui se répand sur le sol en une blanche nappe de petites roses doubles.

LES PETITS ROSIERS

Ce sont de véritables lilliputiens ; ils ne dépassent pas 30 à 40 centimètres de haut mais leurs boutons, leurs fleurs et leurs épines minuscules sont parfaitement proportionnés. Il semble qu'ils soient issus de *Rosa chinensis minima*. Au début du siècle, les sélectionneurs se sont beaucoup intéressés à ces petits rosiers et, après des croisements répétés, on en a commercialisé des centaines de variétés, qui semblaient préfigurer l'avenir de la rose dans les micro-jardins de l'an 2000.

Dans les années 1950 et 1960, on a vu naître quelques variétés inoubliables comme la jaune « Rosina », à l'allure d'hybride de thé, « Cinderella », aux petites fleurs blanches à pétales serrés, ou « Baby Mascarade » qui porte de chatoyants petits bouquets panachés jaune et carmin.

Le caractère nain dominant de ces plantes a permis de les croiser avec tous les autres types de rosiers pour introduire de nouveaux éléments intéressants sans perdre la petite taille. C'est ainsi qu'en 1940, on vit pour la première fois chez les roses miniatu-

BABY MASCARADE
Miniature, buisson, h. 30 cm

TENNY WEENY
Miniature, buisson, h. 30 cm

res la couleur jaune, avec la fameuse variété « Baby Gold Star ». Les sélectionneurs sont aussi parvenus à créer quelques curiosités : « Dresden Doll » et « Mood Music », deux variétés roses récentes, présentent des tiges et des sépales très tomenteux qui rappellent les roses anciennes mousseuses.

N'oublions pas non plus les mini roses coupées que l'on trouve chez les fleuristes en adorables petits bouquets de boutons à peine éclos. Elles sont nées vers les années 1970. Leurs petites fleurs élégantes à boutons généralement effilés, portées par des tiges relativement longues (30 à 40 centimètres) presque dépourvues d'épines, durent longtemps : une alternative à ces roses sévères, guindées et hautaines dont les tiges dépassent le mètre.

On a par ailleurs créé des rosiers floribunda très bas et compacts, mais plus buissonnants que les miniatures, dont ils partagent les emplois : ces arbustes aux couleurs vives sont irremplaçables pour créer des bordures très basses le long de chemins dallés ou pour délimiter de grands parterres dont le centre est occupé par des plantes plus hautes et plus spectaculaires.

CINDERELLA
Miniature, buisson, h. 30 cm

MOOD MUSIC
Miniature, buisson, h. 30 cm

DRESDEN DOLL
Miniature, buisson, h. 30 cm

Bien entendu, les rosiers miniatures sont parfaits pour la culture en pots sur terrasse ou balcon.

Les rosiers Meillandina

Ces rosiers minuscules (35-40 centimètres de hauteur maximale en pleine terre, 25 centimètres en pot), obtenus et commercialisés par la firme Meilland, constituent désormais une race à part entière avec leur port compact et leurs fleurs doubles, relativement grandes. Ils possèdent des branches courtes et minces, mais robustes et bien lignifiées à la base, qui se couvrent de petites feuilles bien vertes et d'une multitude de petites roses de couleurs vives. Celles-ci fleurissent sans interruption d'avril à l'hiver. Rustique et résistants, les Meillandina peuvent supporter longtemps des températures inférieures à 0 °C.

Leurs racines sont sobres et peu pivotantes. En effet, ces rosiers sont multipliés par bouturage afin de maintenir leurs caractéristiques. Les variétés sont toutes brevetées et ne peuvent être reproduites pour la vente que par des firmes agréées.

Leurs feuilles étant persistantes, ils sont livrés en pots en hiver, pour limiter le choc de la transplantation. Chaque pot de 10 centimètres contient deux ou trois boutures. On peut les repiquer en n'importe quelle saison, mais la fin de l'hiver est souvent préférable. Qu'on les mette en terre ou en bacs, la distance à respecter entre deux plants est de 25-30 centimètres. Après la plantation, taillez les rameaux à 3-5 centimètres du niveau du sol.

Placez les Meillandina dans des lieux très ensoleillés : ils y fleuriront davantage et plus longtemps. Par ailleurs, arrosez-les fréquemment, surtout s'ils ne vivent pas en pleine terre, tôt le matin en évitant de mouiller les feuilles pour ne pas susciter le développement de maladies fongiques. Les Meillandina résistent aux maladies les plus communes quand ils ne sont pas affaiblis par un manque d'eau ou d'engrais mais, dans les régions humides, il est tout de même conseillé d'effectuer des traitements préventifs à base de dithiocarbamates. Taillez ces rosiers à la fin de l'hiver, à 20 centimètres environ, suivant les mêmes règles que pour les rosiers arbustes.

MULTIROSE MEILLANDINA
Miniature, grimpant, h. 40 cm

Si vous achetez en hiver un Meillandina fleuri (ci-contre) parce qu'on l'a forcé en serre, placez-le dans un endroit lumineux mais non chauffé. Attendez la fin des gelées pour le planter en pleine terre et réduisez de moitié la longueur des branches.

LES ROSES PARFUMÉES

En s'approchant d'une jolie rose, on en cherche presque instinctivement le parfum : on aimerait combler l'odorat aussi bien que la vue. La plupart des roses anciennes sont odorantes, et leurs fragrances sont très diverses. Mais avec certains rosiers, il n'est pas nécessaire de s'approcher pour être littéralement assailli par de capiteuses bouffées de senteurs. C'est le cas de « Rambling Rector », un hybride de *Rosa moschata* à l'odeur de musc prononcée.

Beaucoup de roses dégagent des senteurs fruitées : *Rosa bracteata* sent le citron. D'autres ont une odeur rappelant celle d'autres fleurs, comme « Adélaïde d'Orléans », un hybride de *Rosa sempervirens*, qui sent la primevère.

Même quand ils semblent inodores, les pétales de roses contiennent des huiles essentielles dotées chacune d'une composition chimique et d'une odeur spécifiques. Dans l'huile essentielle de *Rosa centifolia*, utilisée pour la production d'eau de rose, on a dénombré douze composants, dont quatre seulement sont responsables de son odeur de rose. Les huit autres émettent le parfum caractéristique d'autres fleurs.

L'exhalaison des huiles essentielles volatiles secrétées par les pétales nous permet de percevoir le parfum de chaque rose. Celui-ci est à son maximum pendant les heures diurnes, par temps clair, avec une humidité atmosphérique faible et des températures comprises entre 20 et 30° C.

Durant ces cinquante dernières années, les sélectionneurs ont surtout travaillé sur la valeur esthétique et la résistance aux maladies, négligeant souvent le parfum. Certaines roses modernes merveilleuses en sont totalement dépourvues : « Frau Karl Druschki », célèbre rose blanche, en est un exemple. Toutefois, les hybrides de thé conservent toujours le parfum de leurs génitrices, bien que dans des proportions très variables.

Les bons catalogues fournissent, en plus d'indications sur la présence de parfum, des informations sur son intensité. En règle géné-

NOTTURNO
Buisson remontant,
h. 90-110 cm

rale, les roses dites « bleues » (en fait, couleur lilas) sont très parfumées : c'est le cas de « Sissi », « Dioressence », « Blue Parfum ». Mais les rouges sont souvent les plus odorantes : des rouge corail comme « Nuage parfumé » aux fascinantes et mystérieuses rouges veloutées presque noires comme « Papa Meilland », « Notturno » ou « Ljuba Rizzoli ». Parmi les roses roses, l'incomparable « Ophélia » et les plus récentes « Lady Sylvia » et « Michèle Meilland » sont éminemment parfumées. Les floribunda ont la réputation d'être moins odorants que les hybrides de thé, mais cette règle comporte de notables exceptions, telles « Margaret Merril », « Fragrant Delight », « Dusky Maiden » ou « Arthur Bell ».

GERTRUDE JEKYLL
« English rose », buisson remontant h. 100-120 cm

LJUBA RIZZOLI
Buisson remontant, h. 90-110 cm

Les pots-pourris

L'actuel regain d'intérêt pour la nature nous fait redécouvrir avec bonheur quelques petites merveilles, jadis assez répandues, qu'un certain type de progrès avait fait tomber dans l'oubli. C'est le cas des pots-pourris.

Ceux qui trônent à présent chez de nombreux amoureux de la nature, avec leurs couleurs tendres (mais le plus souvent aussi, hélas, avec un parfum tapageusement artificiel) sont vendus en herboristerie et préparés à sec : les feuilles et les fleurs séchées sont mélangées à des huiles essentielles odorantes et leur unique vertu réside dans la joliesse de ces couleurs que seule la nature peut donner.

Le pot-pourri traditionnel en revanche, le vrai, confectionné suivant les règles de l'art, est préparé en milieu humide. Son nom même de pot « pourri » en indique bien le principe de fabrication.

Il est essentiellement destiné à produire du parfum. De fait, son esthétique n'est pas irréprochable mais il permet, avec un peu d'expérience, de préparer des senteurs d'une finesse à laquelle nous ne sommes plus habitués et qui n'ont rien d'éphémère.

La base du pot-pourri se compose de roses très parfumées : blanches comme « Blanchefleur », cent-feuille à fleurs doubles, ou « Mme Hardy », hybride de rose de Damas, à fleurs très doubles, datant de 1832, ou encore « Mme Plantier », hybride de *Rosa alba* grimpant à fort développement, qui remonte à 1835 ; roses, comme *R. damascena bifera* ou *R. centifolia* ; rouges, comme la pourpre « Rose à Parfum de

Si l'aspect du pot-pourri traditionnel vous déplaît, vous pouvez le placer dans un joli pot de céramique fermé par un bouchon de liège.

MME PLANTIER
R. alba, grimpant, h. 250 cm

ROSE À PARFUM DE L'HAŸ
R. rugosa, buisson remontant, h. 100 cm

l'Haÿ », un hybride de *Rosa rugosa* à fleurs semi-doubles, ou « Souvenir du Docteur Jamain », splendide hybride presque prune, au parfum prodigieux, mais qui craint le soleil trop chaud, ou encore l'opulente « Gloire de Ducher », aux branches arquées et au feuillage gris-vert.

Faites sécher les pétales de roses à l'ombre, en couches minces, jusqu'à ce qu'ils soient très flétris. Vous réserverez le même traitement aux autres fleurs et feuilles odorantes que vous choisirez pour compléter le bouquet de votre pot-pourri : lavande, mélisse, verveine, laurier, genêt, jasmin, robinier (faux-acacia), etc.

Disposez dans un pot qui ferme hermétiquement le matériau ainsi préparé, en couches minces que vous ferez alterner avec du gros sel, en couches minces lui aussi.

Deux semaines plus tard, la fermentation sera achevée. Il ne vous restera plus qu'à ajouter les épices de votre choix (cannelle, clous de girofle, muscade, cardamome, etc.) puis à attendre encore deux mois avant de transvaser votre odorant pot-pourri dans son récipient définitif.

Composition de Dallas et Mabel

LES ROSES À COUPER

La taille des rosiers

C'est une opération décisive quant au nombre de roses que vous obtiendrez et à la longueur de leurs tiges. Effectuez-la donc avec soin : vous n'aurez qu'à vous en féliciter.

Il est impossible d'indiquer une méthode qui convienne à toutes les variétés de roses susceptibles d'être coupées : nous nous limiterons donc ici aux rosiers hybrides de thé, qui fournissent les roses de bouquet les plus largement appréciées.

À la fin de l'hiver, taillez « long », à quatre ou cinq yeux, les branches de l'année précédente. Les plantes réagiront rapidement en émettant de nombreuses tiges florifères, qui n'atteindront cependant pas une hauteur importante. Si vous tailliez « court », à deux yeux, les rosiers produiraient des pousses très vigoureuses, mais plus lentement et en nombre plus restreint.

La longueur limitée des tiges que vous obtiendrez avec cette taille longue correspond à la tendance actuelle des rosiéristes professionnels. Elle vous évitera en outre de remuer ciel et terre pour trouver à la dernière minute un vase susceptible de contenir des fleurs à très longue tige...

Plantez les rosiers
que vous réservez aux fleurs à couper
dans un coin à part de votre jardin :
n'oubliez pas que vous allez les dépouiller
de leurs couleurs.

L'éboutonnage

L'opération qui permet d'accroître la taille des roses à couper est l'éboutonnage : elle consiste à supprimer certains bourgeons porteurs de boutons situés juste au-dessous du bourgeon terminal (le plus haut). Ce dernier restant le seul à être alimenté par la sève qui passe dans la tige, il se développe davantage. Il faut éboutonner quand les pousses latérales commencent à s'allonger et qu'on distingue très nettement le bouton.

Saisissez les boutons entre le pouce et l'index, délicatement mais avec fermeté, et arrachez-les complètement à partir de leur point d'insertion sur la tige. Commencez l'opération en haut de la plante et poursuivez vers le bas, sur 20 centimètres environ.

Si votre rosier est un floribunda, vous pouvez éliminer le bouton central de l'inflorescence avec les bourgeons les plus faibles et les plus petits.

Composition de Susan et Vivaldi

Pour éboutonner, ne gantez que la main qui tient les tiges : l'autre aura besoin de toute sa sensibilité pour saisir les boutons.

Cueillir les roses

Il importe de cueillir ses fleurs au bon moment : trop tôt, avant leur maturité, on en abrège la vie, d'un tiers parfois ; trop tard... le simple bon sens sait qu'elles ne dureront guère.

Les roses qui possèdent relativement peu de pétales doivent être cueillies en boutons très serrés ; celles de quarante pétales ou plus lorsqu'elles ont un peu commencé à s'ouvrir.

Cueillez vos roses entre 15 et 17 heures : elles dureront plus longtemps car elles auront déjà profité de la chaleur du soleil et boiront donc plus volontiers l'eau dans laquelle vous les mettrez.

Utilisez un sécateur propre et bien aiguisé, des gants de travail et un grand panier où disposer les fleurs que vous cueillerez : ne les entassez pas les unes sur les autres et maniez-les avec délicatesse pour éviter que les épines déchirent les feuilles.

Coupez les roses de la première floraison juste au-dessus de la deuxième feuille composée de cinq folioles. Quant aux roses de la seconde floraison, coupez-les sous le point d'insertion de la tige sur le tronc, au-dessus d'un œil tourné vers l'extérieur. Vous obtiendrez ainsi des tiges suffisamment longues sans compromettre la quantité et la qualité des floraisons à venir.

1

2

Pour cueillir des roses, aidez-vous des schémas et du texte ; la forme de taille que vous pratiquerez alors conditionnera la qualité de la floraison suivante.

Prolonger la vie des fleurs coupées

Placez sans attendre les roses que vous venez de couper dans une grande bassine d'eau à 40-45 °C, en veillant à ce que les tiges soient complètement immergées. Laissez-les tremper jusqu'à ce que l'eau ait refroidi. Cette opération est indispensable pour leur faire boire un maximum d'eau.

Afin d'améliorer l'efficacité de ce bain, ajoutez à l'eau la quantité voulue d'un des nombreux produits que l'on trouve dans le commerce pour prolonger la vie des fleurs coupées. À défaut, il suffit de verser un demi-litre de limonade sucrée pour cinq litres d'eau. Le sucre de la limonade nourrit la fleur tandis que l'acide citrique abaisse le pH, facilitant l'absorption de l'eau.

Après avoir retiré vos roses de leur bain, éliminez les deux feuilles du bas, celles qui tremperaient dans l'eau du vase et la troubleraient, et les épines.

Fendez verticalement la base de la tige sur 2 centimètres pour améliorer l'absorption d'eau, puis créez votre composition.

Chaque jour, renouvelez l'eau, raccourcissez les tiges de 1 ou 2 centimètes et pratiquez une nouvelle incision verticale. Et ne laissez jamais vos bouquets en plein soleil.

Composition de Baccara et Texas

PRIMO SOLE
Buisson remontant à grandes fleurs, h. 80-100 cm

TERRASSES ET BALCONS

À chaque site sa rose
Quand on aime les roses et qu'on n'a pas la chance de posséder un jardin, il est difficile de résister à l'envie d'en cultiver au moins quelques-unes sur sa terrasse ou son balcon. Heureusement, il existe même des rosiers qui peuvent se contenter d'un rebord de fenêtre.

Avec les rosiers miniatures, un simple bac de 25 centimètres de haut et de large peut vous offrir un véritable festival de couleurs. Faire pousser des roses en pots est donc possible, et même relativement facile.

Choisissez les variétés les plus adaptées à l'espace dont vous disposez.

Le premier facteur qui limitera votre choix sera sans doute l'exposition : en ville, quantité de petites terrasses ou balcons sont coincés entre de hauts murs et ne bénéficient que de quelques heures de soleil par jour, quand ils n'en sont pas éternellement privés.

Parmi les roses anciennes, quelques sarmenteuses comme « Mme Alfred Carrière » fleurissent même exposées au nord. Mais beaucoup de rosiers arbustes modernes supportent aussi l'ombre et sont, dans de grands bacs, d'un effet décoratif certain : citons le superbe « Nevada », à grandes fleurs blanches simples, ou « Frühlingsmorgen », encore plus imposant, mais néanmoins très délicat et raffiné avec ses fleurs jaune clair teintées de rouge cerise.

Il arrive que le problème soit exactement inverse : une terrasse écrasée de soleil. Or, il existe aussi de nombreuses variétés aptes à le résoudre, comme la fameuse « Baccara », la rose rouge par excellence, ou l'exquise « Michèle Meilland », rose saumoné.

Les positions très ensoleillées exigent des arrosages fréquents tôt le matin, avant que la chaleur du soleil ne surchauffe les pots. D'ailleurs, tous les rosiers en pots ont besoin, surtout en été, d'arrosages abondants, de préférence au moyen d'un système goutte à goutte.

Parmi les hybrides de thé, une vaste gamme de variétés tolèrent la culture en pots, même si leur floraison y est moins abondante qu'au jardin, avec une pause au milieu de l'été.

Les floribunda apportent de grandes satisfactions ; les plus petits, surtout, se prêtent fort bien à la culture en caisses et jardinières. Pour renforcer l'effet chromatique, juxtaposez-en plusieurs : « Tip Top », rose saumon, « Europeana », rouge brillant, « Korresia », jaune vif, « Fiocco bianco », blanc pur.

Bien acclimatés, les couvre-sol font merveille dans de grands bacs, d'où ils retombent librement en cascades de fleurs. Et quoi de mieux qu'un rosier tige pour mettre en valeur un recoin déshérité ?

ORIONE *(ci-dessus et à gauche)*
Buisson remontant à grandes fleurs, h. 80-100 cm

La culture en pot

Lorsque vous aurez sélectionné les rosiers qui orneront votre terrasse ou votre balcon, attachez-vous à choisir de bons récipients. Indépendamment des raisons qui peuvent vous pousser à préférer un pot de terre cuite à un bac en plastique, ou un baquet en bois à une jardinière moderne en fibrociment, il est essentiel d'accorder à chaque plante le volume de terre dont elle a besoin.

Il existe chez les rosiers une correspondance entre le développement des parties aériennes et celui des racines : réservez aux grimpants et aux rosiers tiges de grands pots d'au moins 60 centimètres de diamètre ; un hybride de thé ou un rosier buisson d'un mètre de haut se contenteront pour leur part d'un récipient de 40 centimètres.

Si vous disposez vos rosiers dans de grandes jardinières, ne cédez pas à la tentation de les planter trop près les uns des autres. Les racines des rosiers ont davantage tendance à s'étaler qu'à s'enfoncer. À volume égal, préférez une large vasque à un traditionnel pot tronconique.

Pour assurer un bon drainage des eaux de pluie ou d'arrosage, répartissez au fond du récipient une couche d'au moins 5 centimètres d'argile expansée, de graviers ou de tessons de pots cassés en veillant à ne pas obstruer les trous d'écoulement.

Si vous avez acheté des rosiers en conteneurs, vous pourrez les rempoter en toute saison. S'ils se trouvent dans un terreau à base de tourbe, plongez chaque pot ou conteneur dans de l'eau une demi-heure avant la transplantation pour que la tourbe s'imbibe complètement. Prenez soin de ne pas endommager la motte de terre ni les racines en les extrayant du vieux pot.

Si, en revanche, il s'agit de rosiers à racines nues, il faudra les

Avant d'utiliser des pots neufs, plongez-les quelques heures dans l'eau. Cela évitera qu'ils absorbent l'humidité du terreau.

planter à la fin de l'hiver. Remplissez le pot aux deux tiers d'un terreau enrichi avec de l'engrais chimique 5.10.5 ou du fumier bovin bien décomposé. Étalez les racines et posez-les sur le terreau. Si quelques-unes d'entre elles sont abîmées, raccourcissez-les au sécateur.

Versez du terreau sur les espaces restés vides ou recouvrez les racines en enfouissant le point de greffe de 2 ou 3 centimètres. Répartissez bien la terre tout autour du pied sans remplir complètement le pot ; tassez légèrement près du tonc. Arrosez et, si le pépiniériste ne l'a pas déjà fait, raccourcissez les branches en respectant les exigences de chaque type de rosier.

CASTA DIVA
Buisson remontant à grandes fleurs, h. 80-100 cm

NICOLE
Buisson remontant à fleurs en bouquets, h. 40-60 cm

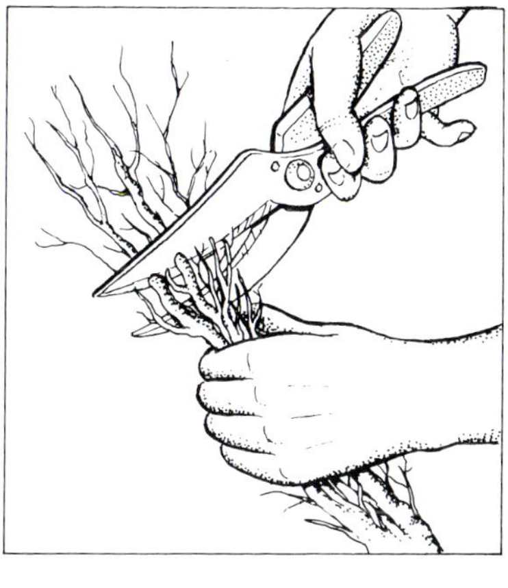

Veillez à n'éliminer ou ne raccourcir que les racines abîmées. Une taille excessive des racines ralentit la reprise de la végétation.

LA MULTIPLICATION

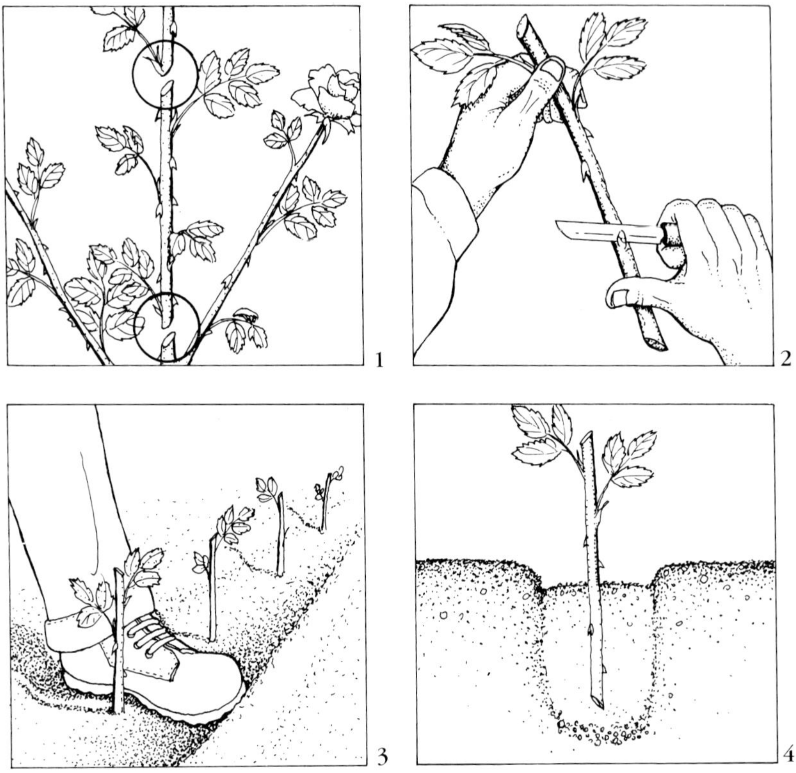

Le bouturage

Vous pourrez multiplier beaucoup de rosiers par bouturage, notamment les botaniques, les hybrides de *Rosa rugosa, Rosa moschata, Rosa gallica* et *Rosa spinosissima*, les grimpants et nombre de floribunda. Il est en revanche inutile d'appliquer cette méthode aux hybrides de thé : ils ne produisent que des racines faibles et se développent mal.

À la fin de l'automne, repérez parmi les branches de l'année un rameau vigoureux, droit, exempt de lésions, de traces de maladies ou de parasites. Il vaut mieux prendre une branche qui a fleuri.

Sectionnez cette branche entre deux nœuds et taillez-la en biseau juste sous un nœud, avec un canif à lame bien affilée. Étêtez-la pour qu'elle fasse 30 centimètres de long, en coupant juste au-dessus d'un nœud.

Avec un canif, ôtez les feuilles en ne laissant que les deux du haut et éliminez tous les bourgeons qui ne se trouvent pas à l'aisselle de

En rebouchant le sillon où vous avez mis vos boutures à enraciner, faites en sorte qu'il reste légèrement incurvé par rapport au reste du terrain. Ainsi, vous n'aurez pas à arroser trop souvent.

ces deux feuilles. Renouvelez l'opération pour prélever plusieurs boutures.

Dans votre jardin, cherchez un emplacement lumineux et abrité, protégé du soleil direct. Creusez un sillon de 25 centimètres de profondeur ; recouvrez le fond d'une couche d'environ 3 centimètres de sable grossier.

Mouillez la base des boutures et plongez-les dans une hormone d'enracinement, qui stimulera l'émission de racines.

Plantez les boutures verticalement, à 15 centimètres les unes des autres, dans le sillon que vous avez préparé. Versez du terreau et tassez légèrement pour qu'il adhère bien aux boutures. Finissez de remplir avec la terre du sillon. Tassez avec les pieds et arrosez abondamment.

Si l'hiver est rigoureux dans votre région, prévoyez un abri pour vos boutures : un petit tunnel, des cloches en plastique ou des châssis vitrés feront parfaitement l'affaire.

Pendant l'année qui suivra, n'oubliez pas l'arrosage et les autres soins à apporter à votre « pépinière ». À l'automne, vous pourrez planter vos nouveaux rosiers, qui seront en tous points identiques à la plante mère.

VENERE
Buisson remontant à fleurs en bouquets, h. 50-70 cm

Le marcottage aérien

Appliquez cette technique de propagation aux longues branches des rosiers sarmenteux au printemps, dès qu'elles se lignifient.

Choisissez une branche vigoureuse, avec peu d'épines. Tous les 30 centimètres environ, pratiquez une fente en biseau jusqu'au cœur de la branche, en commençant juste sous un bourgeon et en dirigeant le couteau vers le haut. Maintenez les encoches ouvertes à l'aide d'un morceau d'allumette et éliminez les feuilles des nœuds proches. Supprimez aussi les éventuelles épines à proximité.

Enveloppez chaque incision d'une poignée de sphaigne et entourez le tout d'une feuille de plastique de 40 × 20 centimètres, en ligaturant bien les extrémités avec du ruban adhésif.

Trente à quarante jours plus tard, vous verrez apparaître les premières racines ; au bout du deuxième mois, vous pourrez couper vos marcottes sous la ligature inférieure : les nouvelles plantes auront environ 25 centimètres de haut.

Retirez délicatement le plastique sans ôter la sphaigne, réduisez les feuilles de moitié et repiquez vos marcottes dans des pots de 20 centimètres. Placez-les quinze jours dans un endroit clair mais à l'abri de la lumière directe et pulvérisez fréquemment les feuilles. Puis transférez progressivement vos marcottes en plein air. Vous pourrez les planter définitivement l'année suivante. Le succès de cette méthode est quasiment garanti.

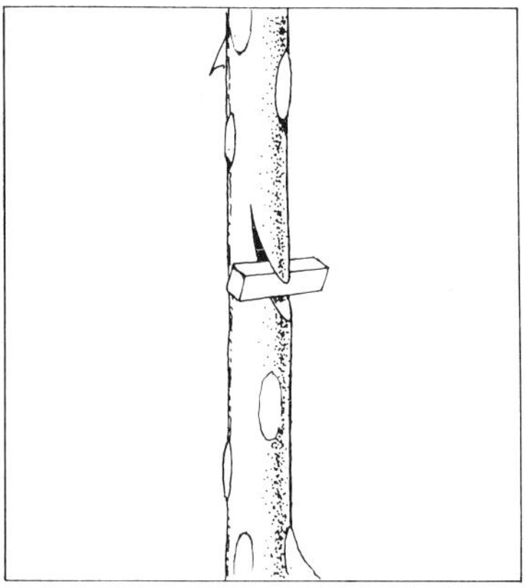
1

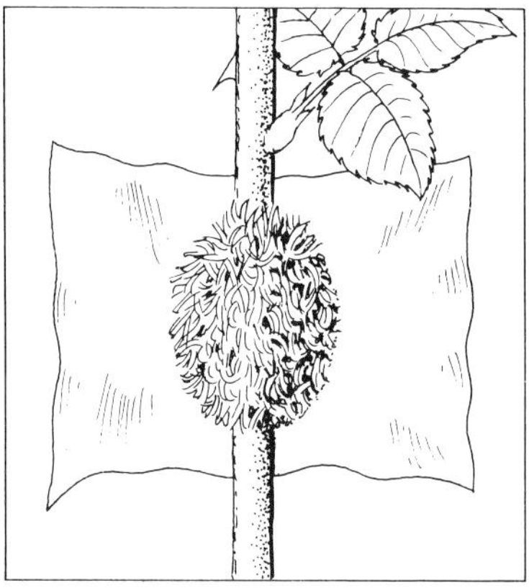
2

Si vous voyez que la sphaigne a tendance à sécher, injectez quelques centimètres cubes d'eau à travers le plastique à l'aide d'une seringue.

3

Le marcottage par couchage

Si vous voulez multiplier votre sarmenteux favori sans vous compliquer la tâche, il existe une autre technique de marcottage. Vous obtiendrez certes moins d'exemplaires, mais elle vous demandera aussi beaucoup moins de travail.

Au printemps, choisissez un sarment du rosier que vous souhaitez reproduire ; il doit être lignifié sur son premier tiers. Prenez-le à ce niveau et inclinez-le doucement jusqu'au sol sans le casser. Puis, à l'endroit où le sarment replié touche terre, creusez un petit trou de 20 centimètres de profondeur et remplissez-le de terreau humide.

Sur la zone du sarment en contact avec le sol, pratiquez au niveau d'un œil une incision, comme pour un marcottage aérien. Posez le sarment sur le sol et ancrez-le solidement avec un piquet fourchu.

Recouvrez d'une fine couche de terreau, puis d'un peu de la terre du trou ; tassez légèrement. Arrosez abondamment et pensez à maintenir une humidité suffisante pendant tout l'été.

Au printemps suivant, coupez le sarment à l'endroit où il pénètre dans le sol et repiquez le nouveau rosier après l'avoir délicatement extrait avec sa motte de terre.

Enfin, taillez-le à quatre yeux et traitez-le comme s'il s'agissait d'un rosier d'acquisition récente.

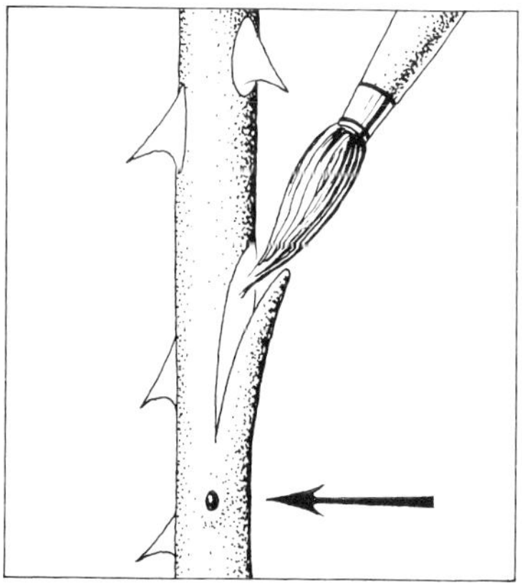

1

2

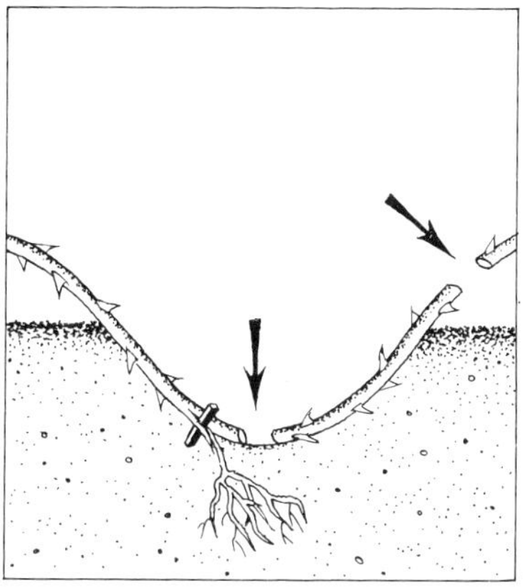

3

Pour augmenter les chances de succès de cette multiplication végétative, couvrez l'extrémité coupée du nouveau plant avec un cicatrisant contenant un fongicide.

La greffe

La première étape de cette aventure consiste à se procurer des porte-greffe : vous pouvez les acheter chez des pépiniéristes spécialisés ou les préparer vous-même en mettant des boutures d'églantier à enraciner.

Si vous avez opté pour la première solution, préparez un sillon en V de 30 centimètres et installez-y les racines des porte-greffe en laissant 30 centimètres entre chaque plant. Rebouchez le sillon avec du terreau, puis avec sa terre, en veillant à maintenir le collet des plantes juste au-dessous du niveau du sol.

Vers la fin juillet de l'année suivante, prélevez sur le rosier à multiplier une belle branche robuste et saine ayant fleuri. Enlevez toutes ses épines pour pouvoir la manier plus aisément, coupez ses feuilles en laissant 1,5 centimètre de pétiole, étêtez-la et plongez-la dans un seau rempli d'eau. Vous voici prêt à passer au stade de la greffe proprement dite.

Il vous faut un greffoir désinfecté, parfaitement aiguisé, et un peu de raphia mouillé. Repliez la ramure du porte-greffe sur le côté et maintenez-la au sol avec un pied. Puis, en grattant la terre, découvrez le collet du porte-greffe jusqu'au départ des racines et net-

EXCELSA
R. wichuraiana, grimpant remontant, h. 450 cm

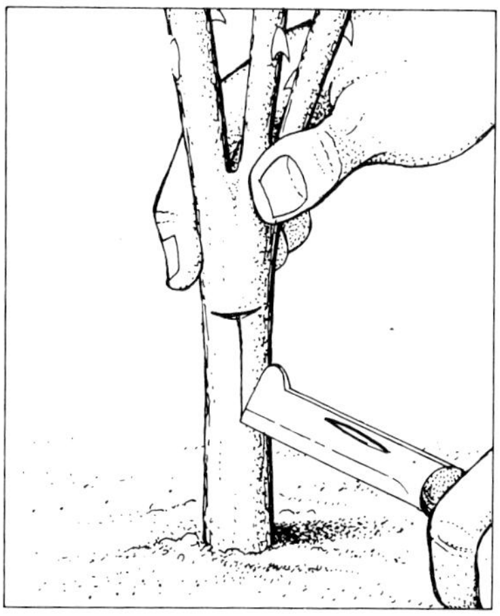

1

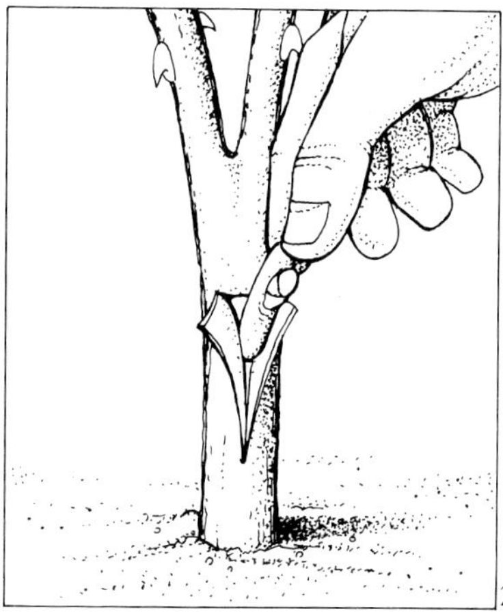

2

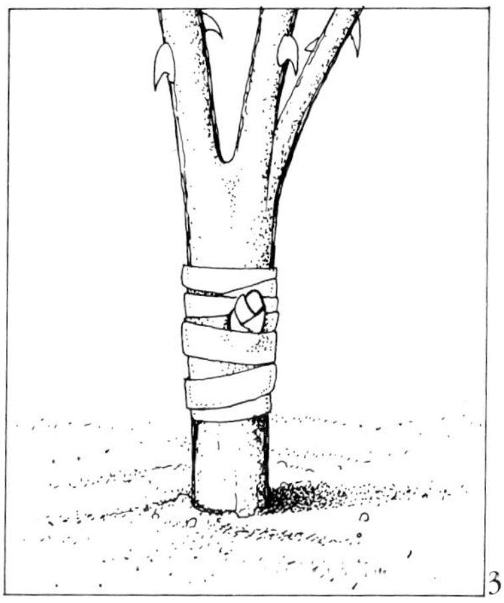

3

Cette séquence montre comment effectuer une greffe. Vous pouvez remplacer le raphia par un élastique spécial pour greffe, qui se dégrade tout seul et n'a donc pas besoin d'être enlevé.

toyez bien la zone mise à nu avec un petit chiffon.

Pratiquez dans l'écorce du porte-greffe une fente en T de 2,5 centimètres de haut et 1 centimètre de large. Ces deux incisions ne doivent pas léser les tissus sous l'écorce. Soulevez les morceaux d'écorce avec la pointe du greffoir et repliez-les vers l'extérieur.

Sortez de l'eau la tige que vous avez préparée et prélevez dessus un écusson d'environ 2 centimètres de haut, contenant un bourgeon sain et bien formé.

Extirpez le petit morceau de bois que vous verrez à l'intérieur de l'écusson puis, en tenant ce dernier par le bout de pétiole que vous avez laissé, insérez-le dans la fente en T et refermez l'écorce. Ligaturez solidement sans trop serrer, avec du raphia, en laissant dépasser le bourgeon. Nouez du côté opposé à l'écusson ; ramenez la terre jusqu'au bourgeon.

Si votre greffe a pris, au bout de deux à trois semaines, le bourgeon greffé sera bien vert. Coupez le raphia puis, en février, taillez bien net toute la végétation du porte-greffe au-dessus de l'écusson.

Lorsque la végétation de la greffe aura poussé de quelques centimètres, pincez-la d'un coup d'ongle à trois yeux pour favoriser la ramification.

Vous pourrez planter vos nouveaux rosiers à leur emplacement définitif dès l'automne suivant.

Le semis : l'aventure des variétés nouvelles

Malgré ses faibles probabilités de succès, la création de nouvelles roses exerce, chez l'amateur comme chez le professionnel, une irrésistible fascination.

Vous pouvez semer des graines issues de pollinisations fortuites (la progéniture sera de toute façon différente de ses parents) ou essayer de guider vous-même le hasard pour arriver à un résultat déterminé. La technique de fécondation est simple : elle consiste à transférer artificiellement le pollen des organes mâles d'une rose aux organes femelles d'une autre.

Voici la marche à suivre : repérez sur les deux variétés de rosiers que vous souhaitez croiser deux fleurs prêtes à éclore en même temps. Cueillez celle qui devra fournir le pollen et mettez-la chez vous dans un vase. Le lendemain, ses anthères (organes mâles), parvenues à maturité, s'ouvriront pour libérer leur pollen.

Le même jour, détachez avec les doigts les pétales du bouton qui devra fournir les ovules et porter les graines. Puis, avec de petits ciseaux, coupez les étamines pour ne laisser que le pistil (organe femelle), au centre. Recouvrez ce qui reste de la fleur d'un petit sachet en papier pour éviter que les ovules soient fécondés par du pollen porté par le vent. Vingt-quatre à quarante-huit heures plus tard, le haut du pistil sera devenu brillant et un peu collant, signe que

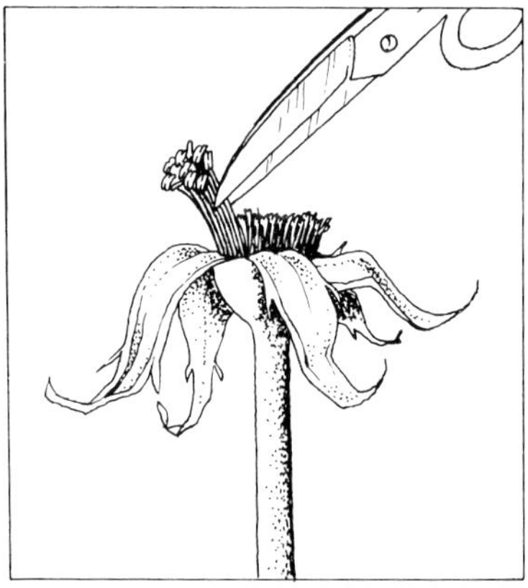
1

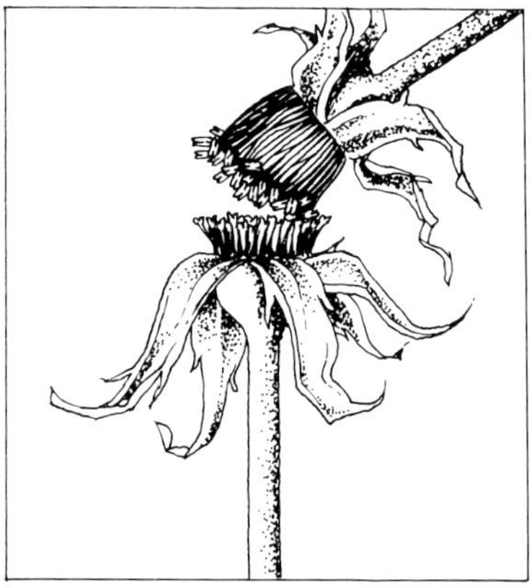
2

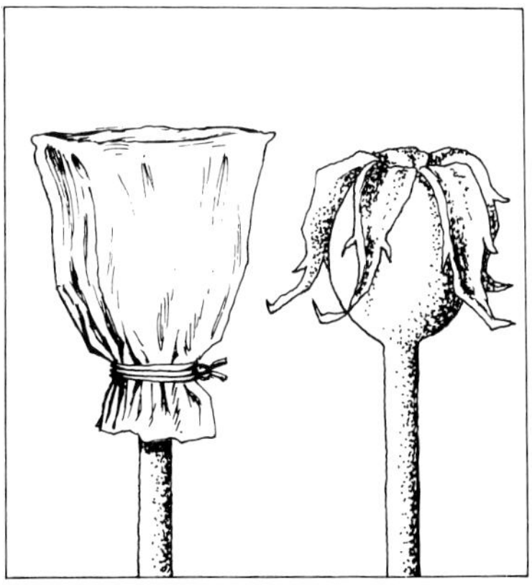
3

Voici comment on hybride deux variétés. Pour les remontantes, fécondez des fleurs de la deuxième floraison : vos graines seront ainsi prêtes à être semées juste au début du printemps suivant.

l'organe femelle est prêt pour la fécondation.

Prenez la rose que vous avez mise dans un vase, éliminez ses pétales et frottez légèrement ses anthères — qui doivent être recouvertes d'une poussière jaune (le pollen) — sur le pistil de la rose à féconder.

Remettez le petit sac et laissez-le en place pendant quelques semaines. Si la pollinisation a réussi, le fruit mûrira normalement et, quand il sera bien rouge ou orangé, vous pourrez le cueillir pour en extraire les graines. Semez-les aussitôt, à 3 centimètres les unes des autres et à 5 millimètres de profondeur, dans une caissette à semis remplie en parties égales de terre, de tourbe et de sable. Placez la caissette douze semaines au réfrigérateur, puis sortez-la à la lumière et au chaud, et arrosez régulièrement.

Trois semaines plus tard environ, vous verrez surgir les premières pousses. Dès qu'elles auront trois vraies feuilles, repiquez-les dans de petits pots que vous étiquetterez avec le nom des parents. Quand la plante atteint 15 centimètres, on observe souvent une première floraison, qui n'a toutefois que la couleur des fleurs définitives.

Laissez vos plants en pot jusqu'au printemps suivant. Vous pourrez alors repiquer les plus prometteurs en pleine terre, ou les greffer sur des porte-greffe vigoureux pour voir plus rapidement les résultats de votre travail.

DALLAS
Hybride de thé, buisson, h. 100 cm

BACCARA
Hybride de thé, arbuste remontant, h. 60-120 cm

AUTRES USAGES DES ROSES

Infusion de pétales de roses

L'infusion de pétales de roses est astringente, tonique et rafraîchissante pour la peau. Vous la préparerez ainsi : cueillez 25 centilitres de pétales de roses à peine ouvertes (mesurez ce volume en comprimant légèrement les pétales dans le récipient). Versez dessus 20 centilitres d'eau bouillante, couvrez et laissez refroidir. Filtrez à travers un linge, en pressant bien les pétales pour exprimer tout le liquide qu'ils contiennent.

Imbibez de cette infusion des compresses de coton hydrophile et appliquez quelques minutes sur le visage, puis laissez sécher naturellement.

Vous pouvez aussi utiliser cette infusion pour fabriquer une lotion hydratante pour la nuit : mélangez deux cuillères à soupe d'infusion de pétales de roses avec une cuillère à soupe d'eau de rose (vendue en pharmacie) et une cuillère à soupe de glycérine. Appliquez sur le visage et le cou bien démaquillés en tamponnant avec une compresse d'ouate.

Confiture de pétales d'églantine

En Grèce et en Turquie, on emploie des pétales de roses au parfum très lourd, mais les fleurs délicatement parfumées de l'églantier de nos contrées fournissent aussi une délicieuse confiture, à l'arôme très particulier.

Ingrédients

le jus d'un citron
1 kg de sucre
1 l de pétales d'églantine (Rosa canina) *légèrement comprimés*

Récoltez les pétales en mai-juin, en évitant de dévaster les buissons. Opérez rapidement car les pétales d'églantine se flétrissent très vite.

De retour chez vous, débarrassez-les d'éventuelles araignées ou des pucerons. Dans une casserole en inox, faites chauffer 1 litre d'eau avec le jus de citron et le sucre. Quand ce sirop bout, ajoutez les pétales et laissez bouillir 20 à 30 minutes à petit feu, en remuant souvent.

Versez cette confiture dans de petits pots, secs et très propres, que vous refermerez avec des couvercles neufs. Enveloppez les pots dans une couverture jusqu'à ce qu'ils aient complètement refroidi.

Cette confiture peut aromatiser une glace (voir recette page 109), entrer dans la préparation d'un dessert (voir page 111) ou garnir une tarte (voir page 113) qui fut le dessert favori de la reine Victoria.

Marmelade de cynorrhodons

Tous les cynorrhodons (fruits des rosiers) conviennent pour cette confiture. Il est toutefois préférable d'utiliser des cynorrhodons sauvages, dont on est sûr qu'ils n'ont subi aucun traitement insecticide ni fongicide.

Ingrédients
cynorrhodons de rose
une fois et demie le poids des cynorrhodons en sucre
jus de citron

Après avoir éliminé la queue et l'autre extrémité, coupez chaque fruit en deux et retirez les graines et les poils piquants qu'il contient. Rincez abondamment.

Dans une casserole en inox, mettez les cynorrhodons nettoyés et deux fois leur poids d'eau. Laissez bouillir 1 heure à feu doux, jusqu'à ce que les fruits soient bien tendres.

Passez-les au moulin à légumes avec la grille fine, remettez-les dans la casserole et ajoutez le sucre avec un peu de jus de citron. Laissez cuire à feu moyen jusqu'à obtention de la consistance désirée et versez bouillant dans des bocaux. Laissez refroidir les pots fermés, le plus lentement possible.

Glace aux pétales d'églantine

De toutes les glaces peu banales, celle-ci se distingue par son raffinement. Destinée à des palais capables d'apprécier les saveurs et les parfums subtils et délicats qu'offre parfois la nature, elle conclura dignement un souper fin.

Ingrédients

2 cuillères à soupe de jus de citron filtré
1 cuillère à soupe de miel d'acacia
une grosse pincée de cannelle en poudre
25 cl de crème fraîche
6 à 8 cuillères à soupe de confiture de pétales d'églantine (voir page 107)
1 cuillère à café de cognac

Dans une petite casserole en inox, portez à ébullition le jus de citron, le miel et la cannelle. Couvrez, laissez refroidir. Versez dans une sorbetière la crème bien froide, la confiture de pétales d'églantine, le cognac et le contenu de la casserole. Éteignez la sorbetière dès que la glace a atteint une consistance crémeuse et servez aussitôt.

Délices de cacahuètes à l'églantine

Ingrédients

500 g de cacahuètes décortiquées
350 g de sucre
3 cuillères à soupe de confiture de pétales d'églantine (page 107)

Ôtez la pellicule rouge qui entoure les cacahuètes et faites-les cuire dans de l'eau bouillante jusqu'à ce qu'elles soient très tendres.

Faites fondre 300 grammes de sucre dans un peu d'eau, mettez sur le feu et laissez cuire doucement jusqu'à ce que le sirop soit bien épais.

Ajoutez les cacahuètes passées au moulin à légumes avec la grille fine, puis la confiture de pétales d'églantine ; mélangez bien avec une cuillère en bois jusqu'à obtention d'une pâte lisse et homogène.

Formez avec cette pâte de petites boules de la grosseur d'une noix que vous ferez rouler dans le sucre restant jusqu'à ce qu'elles en soient entièrement recouvertes.

Laissez refroidir avant de déguster. Les cacahuètes sont originaires d'Amérique, mais cette recette nous vient de la cuisine chinoise.

Entremets à la confiture de rose sauvage

Il s'agit d'un dessert d'hiver, riche et nourrissant : ne prévoyez donc pas des portions trop abondantes.

Ingrédients

25 cl de crème fraîche

1 cuillère à soupe de cognac ou de brandy

1 cuillère à soupe de sucre glace

5 cuillères à soupe de confiture de rose sauvage

Sortez la crème du réfrigérateur et versez-la dans un bol avec l'alcool et le sucre : battez au fouet ou au mixeur.

Quand la crème fouettée est bien ferme, incorporez délicatement la confiture de rose à l'aide d'une cuillère.

Versez le mélange dans six verres à pied et laissez 1 heure au réfrigérateur.

Avant de servir, décorez de pétales de roses ou de violettes confits. Vous pouvez accompagner de gaufrettes, en évitant le chocolat.

Velouté de cynorrhodons

Ingrédients

POUR LA DÉCOCTION

500 g de cynorrhodons d'églantier fraîchement cueillis, lavés et équeutés

POUR LE VELOUTÉ

1 gros oignon

1 grosse carotte

2 cuillères à soupe d'huile d'olive

30 g de farine

1 l de bouillon de poule

1 cuillère à soupe de sucre brun

noix de muscade

sel et poivre noir fraîchement moulu

2 cuillères à soupe de persil

4 cuillères à soupe de crème fraîche

POUR SERVIR

pain complet

Faites bouillir les cynorrhodons à petit feu dans 1 litre d'eau pendant environ 1 heure, puis filtrez cette décoction à travers un torchon plié en deux.

Émincez l'oignon et la carotte et faites-les revenir dans l'huile 10 minutes à feu doux, dans une grande casserole.

Ajoutez la farine, puis le bouillon et la décoction de cynorrhodons. Versez ensuite le sucre, de la muscade, du sel et du poivre.

Portez à ébullition et laissez réduire 10 minutes à feu doux. Saupoudrez de persil haché, déposez une cuillère de crème fraîche au centre de chaque assiette et décorez avec une feuille de persil.

Servez très chaud avec des croûtons de pain.

Pour 4 personnes

Tarte à la confiture de pétales d'églantine

La confiture qui garnissait cette tarte écossaise était probablement faite avec des pétales de *Rosa tomentosa*, espèce commune dans ce pays, mais gageons que la reine Victoria aurait également apprécié cette version plus méditerranéenne.

Ingrédients

200 g de farine
une pincée de sel
70 g de beurre ramolli
10 cuillères à soupe de confiture de pétales d'églantine (page 107)
1 cuillère à soupe de jus de citron
1 cuillère à soupe de gingembre frais, épluché et haché très fin
1 cuillère à café de cannelle en poudre

Tamisez dans un grand saladier la farine et le sel. Ajoutez le beurre et travaillez le tout jusqu'à obtention d'une pâte granuleuse.

Ajoutez un peu d'eau froide et travaillez la pâte jusqu'à ce qu'elle devienne lisse et souple.

Laissez-la reposer 30 minutes dans le bas du réfrigérateur. Préparez la garniture en mélangeant les ingrédients restants.

Abaissez la pâte en un disque de 5 millimètres d'épaisseur et garnissez-en un moule à tarte beurré et fariné de 20 centimètres de diamètre. Versez la garniture au centre, répartissez avec une fourchette. Découpez les chutes de pâte pour en faire des croisillons. Décorez la tarte et faites cuire au four à 180 °C pendant 35 à 40 minutes.

Sirop de cynorrhodons

Le sirop de fruits de rose a un goût très agréable. Légèrement laxatif, il est alcalinisant pour le sang et reminéralisant. Il permet d'agrémenter des salades de fruits ou des glaces et, en été, peut aussi se consommer dilué dans de l'eau comme boisson rafraîchissante.

Ingrédients
1 kg de cynorrhodons
500 g de sucre

Dans une casserole en inox, faites bouillir 1,5 litre d'eau. Pendant ce temps, écrasez avec un rouleau à pâtisserie les cynorrhodons lavés et équeutés, puis jetez-les dans l'eau bouillante. Retirez la casserole du feu et laissez refroidir 20 minutes.

Filtrez à travers un linge blanc très épais disposé dans un égouttoir en inox, sans presser le résidu solide pour éviter que les minces poils piquants qui entourent les graines ne passent dans le sirop.

Transvasez le liquide dans une autre casserole, toujours en inox, et ajoutez le sucre. Mélangez, remettez sur le feu, laissez bouillir 10 minutes.

Versez le sirop bouillant dans de petites bouteilles de 33 centilitres fermant avec une capsule. Placez aussitôt les bouteilles dans une boîte doublée de polystyrène que vous fermerez avec un couvercle en polystyrène également. La chaleur du sirop permettra ainsi à la stérilisation de s'effectuer.

QUELQUES ROSERAIES CÉLÈBRES

Les roseraies sont des parcs où l'on collectionne et conserve les rosiers botaniques du monde entier, ainsi que les roses anciennes et les hybrides modernes passés de mode, qui disparaîtraient sinon, peu à peu remplacés par les nouvelles variétés qui se créent constamment.

Les plus célèbres roseraies d'Europe sont aussi le siège de concours destinés à primer les plus belles roses, fruit du patient travail des meilleurs sélectionneurs.

La France et l'Angleterre étant par tradition séculaire des pays de roses et de rosiéristes, elles offrent ce qu'on peut voir de mieux en la matière. Il faut absolument visiter à Londres la roseraie des Queen Mary's Gardens, dans Regent's Park, mais il en existe bien d'autres, notamment celle des Gardens of the Rose, à Saint-Albans, où se tiennent des expositions organisées par *The Royal National Rose Society* et *The Rose Growers Association*.

En France, la plus spectaculaire est celle de l'Haÿ-les-Roses, en région parisienne, avec ses trois mille deux cents variétés, mais celle de la Malmaison, reconstituée avec des variétés typiques du début du XIXe siècle, et celle de Bagatelle, dans le bois de Boulogne, sont historiquement plus célèbres. Citons également la « Cité des Roses », Doué-la-Fontaine, dans le Maine-et-Loire, où l'on peut visiter jardins fleuris et champs de roses.

En Italie, le Roseto comunale de Rome, rené des cendres de la Deuxième Guerre mondiale, se trouve sur les pentes de l'Aventin, mais on peut voir à Cavriglia, près d'Arezzo, une roseraie privée encore plus complète et conçue avec davantage de rigueur scientifique, qui rassemble sept mille cinq cents variétés uniques de roses, botaniques comprises, réparties par grands groupes. Véritable musée vivant, elle retrace dans toute sa complexité la fascinante histoire des roses.

Mentionnons enfin la roseraie de Genève, le Jardin Botanique National de Belgique, dans le Domaine de Bouchout, à Meise et, pour les amateurs globe-trotters, le Jardin des Roses qu'abrite le Palais de Topkapi à Istanbul.

Les livres sur les roses se sont multipliés ces dernières années. Voici, pour tous ceux qui souhaitent approfondir leur connaissances sur ce thème passionnant, une sélection d'ouvrages de base.

Testu C., **Les roses anciennes**, Flammarion, Paris, 1984

Beales P., **Roses**, Le Chêne, Paris, 1989

Redouté P. J., **Les roses**, J.C. Lattès, Paris, 1991

Catalogue de l'exposition P.J. Redouté, Centre d'Action Culturelle de la Communauté d'Expression Française et Centre Culturel de la Communauté Française de Belgique à Paris, 1984.

Bassity M.A.R., **Magic world of Roses**, Heartside Press, Inc., 1966

Fisher J., **The companion to Roses**, Viking, 1986

Gibson M., **Growing Roses**, Croom Helm, London and Timber Press, Portland (U.S.A.), 1970

Haglund G., **Rosen Blommornas Drotting**, Haglund, Göteborg, Suède, 1986

Kiaer E., **The concise handbook of Roses**, E.P. Dutton & Co, Inc., 1966

McFarland J.H., **Modern Roses 8 and 9**, The McFarland Co. and the American Rose Society (U.S.A.), 1980 et 1986

Thomas G.S., **Climbing Roses old and new**, St Martin's Press, 1966

Thomas G.S., **Shrub Roses of Today**, Phoenix House Ltd, 1962

Thomson R. and Helen van Pet Wilson, **Roses for pleasure**, D. van Nostrand Company, Inc., 1958

Westcott C., **Anyone can Grow Roses**, D. van Nostrand Co., Inc., 1971

Les éditeurs tiennent à remercier les personnes et organismes suivants, grâce auxquels ils ont pu reproduire les photographies de cet ouvrage :
Vittorio et Anna Barni ainsi que Giancarlo Medici de « Rose Barni » de Pistoia ; le prof. Gianfranco Fineschi, propriétaire de la roseraie de Cavriglia (Arezzo) ; Franco Sartore et Mauro Coria de la Nino Sanremo S.a.S. de Sanremo ; De Roma S.p.A. pour les pots.

INDEX